Ministerios de servicio laico

Ministerios de servicio laico

Curso básico
Libro del participante

Sandy Jackson junto a Brian Jackson

DISCIPLESHIP RESOURCES

PO BOX 340003 • NASHVILLE, TN 37203-0003
www.discipleshipresources.org

Traducido y editado por Alma W. Pérez

ISBNs
Print: 978-0-88177-679-9
Mobi: 978-0-88177-680-5
Epub: 978-0-88177-681-2

Library of Congress Control Number: 2013953148

DR679

Índice

Introducción

Dios le ha llamado a una vida de servicio como discípulo y discípula de Jesucristo. Usted está leyendo este recurso, porque ha sentido un toque gentil, o un fuerte empujón, de poner en acción su llamado de servir con mayor entrega a la iglesia. Muchos laicos y laicas dan sus primeros pasos en su jornada de fe, o profundizan una relación más íntima con el Señor, a través de los *Ministerios de servicio laico*. Estos ministerios le darán muchas oportunidades de servicio en su iglesia local y en la iglesia en general. Las áreas que componen los *Ministerios de servicio laico* son: el liderazgo, el cuidado y la comunicación.

Podemos encontrar un llamado en una o más de estas áreas de ministerio. Este curso le familiarizará con dichas áreas de ministerio, y también le dará la oportunidad para explorarlas. Al completar este curso, esperamos que usted pueda identificar el área que Dios le está llamando a seguir. La Iglesia Metodista Unida cuenta con nosotros, el laicado, para llevar a cabo su misión y propósito. Su iglesia local y pastor o pastora le necesitan como laico o laica, para llevar a cabo y completar su propósito de hacer discípulos/as de Jesucristo. Este curso ofrece muchas jornadas para profundizar la fe y el servicio en el ministerio. ¡Gócese y esté receptivo/a al llamado de Dios para su vida!

Primera sesión: El ministerio de las personas bautizadas

Pero ustedes son una familia escogida, un sacerdocio al servicio del rey, una nación santa, un pueblo adquirido por Dios. Y esto es así para que anuncien las obras maravillosas de Dios, el cual los llamó a salir de la oscuridad para entrar en su luz maravillosa. Ustedes antes ni siguiera eran pueblo, pero ahora son pueblo de Dios; antes Dios no les tenía compasión, pero ahora les tiene compasión.

1 Pedro 2.9-10.

Objetivos instruccionales:

Al finalizar esta sesión, el o la participante podrá:

1. Describir qué es en verdad el sacerdocio de todos los creyentes, y el llamado de Dios para sus vidas;
2. Dialogar sobre los dones espirituales, qué significan y cuáles son sus propósitos;
3. Describir la necesidad de responder al llamado de Dios;
4. Dialogar sobre los comienzos del movimiento metodista, y el papel o rol del laicado.

Trasfondo metodista unido

Los metodistas unidos comparten estas afirmaciones básicas de la fe cristiana con otras comunidades cristianas[1]:

- Afirmamos, en común con todos los cristianos, una fe en el misterio de la salvación en y mediante Jesucristo;
- Compartimos la fe cristiana de que el amor redentor de Dios se manifiesta en la vida humana mediante la actividad del Espíritu Santo, tanto en la experiencia personal como en la comunidad de creyentes;
- Nos consideramos parte de la iglesia universal de Cristo cuando mediante la adoración, la proclamación y el servicio, nos ajustamos a él;
- Conjuntamente con otros cristianos reconocemos que el reinado de Dios es a la vez una realidad presente y futura;
- Compartimos con muchas comuniones cristianas un reconocimiento de la autoridad de las Escrituras en asuntos de fe, la confesión de que nuestra justificación como pecadores es por gracia mediante la fe, y el sobrio reconocimiento de que la iglesia necesita ser reformada y renovada continuamente.

Énfasis wesleyanos

Hay distintos énfasis wesleyanos que forman nuestra identidad como metodistas unidos. Juan Wesley creía que no era suficiente creer o tener fe, sino que la fe y el amor debían ponerse en práctica en nuestras vidas. La gracia es uno de los énfasis principales del metodismo. "Por gracia entendemos la acción inmerecida y amorosa de Dios . . ." (*Disciplina de la Iglesia Metodista Unida–2012*, ¶102, págs. 52-53). Wesley además describió a la gracia:

> *Preveniente*—la gracia que dirige nuestros primeros pensamientos hacia Dios, y nos conduce a Dios;

---

1. De la *Disciplina de la Iglesia Metodista–2012*, "Afirmaciones cristianas básicas", ¶102, págs. 49-50. Derechos de autor © 2012 por la Casa Metodista Unida de Publicaciones. Usado con permiso.

Justificadora—la gracia de Dios que es capaz de aceptarnos y perdonarnos, "como si" nunca hubiésemos pecado;

Santificadora—la gracia que continúa nutriéndonos y aumentando nuestro conocimiento para que podamos amar más y totalmente a Dios y a nuestro prójimo. Estamos comprometidos a "seguir hacia la perfección" al tener el corazón "habitualmente lleno del amor de Dios y al prójimo", y al "tener la mente de Cristo y andar como él anduvo."

Otros énfasis wesleyanos son la fe y buenas obras. Demostramos nuestra fe en la medida que respondemos al don de la salvación con obras de piedad y misericordia. Demostramos nuestra salvación personal, cuando unimos nuestros corazones y manos en la misión y el servicio.

Los énfasis de la misión y el servicio suceden cuando mantenemos un balance entre nuestra "santidad bíblica" o piedad personal, actos de devoción y adoración, y nuestra "santidad social" o actos de compasión y justicia.

La misión de la iglesia es una que nutre y alcaza. La iglesia nutre nuestra fe a través de la fraternidad cristiana y la comunidad de adoración. La iglesia nos capacita para la misión y servicio en nuestras comunidades y el mundo.

Somos bendecidos, como individuos y denominación, cuando al vivir nuestra fe, manifestamos estos principios wesleyanos.

Una iglesia conexional

La Iglesia Metodista Unida es una iglesia conexional a través de nuestra política, los lazos que nos unen a otras iglesias metodistas unidas, y mediante nuestras creencias y valores cristianos básicos. Este conexionalismo es fundamentado en una mutua respuesta entre unos y otras, el mundo, y nuestra responsabilidad con Dios y el prójimo en todos los niveles de la iglesia.

El ministerio ocurre a través de toda la iglesia y el mundo mediante nuestras benevolencias, el sistema de nombramiento para clérigos/as, y nuestros mutuos esfuerzos en las misiones. Aún más importante, estamos conectados por el Espíritu de Cristo, y como hermanas y hermanos en oración entre unos y otras, mientras nos velamos en amor.

El sacerdocio de todos los creyentes

"Pero ustedes son una familia escogida, un sacerdocio al servicio del rey, una nación santa . . ." (1 Pedro 2.9).

¿Qué significa ser sacerdote o sacerdotisa? En el Antiguo Testamento, el sacerdote actuaba como un mediador entre el pueblo y Dios, ya que los pecadores no podían acercarse directamente a Dios. Los sacerdotes llevaban a cabo el ministerio de acuerdo con las instrucciones de Dios, y ofrecían sacrificios a favor de la gente. Sin embargo, con Cristo y su victoria sobre el pecado y la muerte, ahora podemos ir ante la presencia de Dios sin tener que contar con un sacerdote como *intermediario*. Hoy tenemos la obligación de declarar a los demás los maravillosos actos de salvación de Dios. Por nuestra relación con Cristo, podemos representarlo ante los demás, así como los sacerdotes representaban a Dios ante el pueblo en la antigüedad. Somos verdaderamente un pueblo escogido; escogido por Dios.

Nuestro sacerdocio o ministerio no depende de lo que hacemos, sino en quiénes somos en Cristo. Somos santos y santas pertenecientes a toda raza, lengua, pueblo y nación, rescatados/as por Cristo. Él ha hecho de nosotros un reino, y sacerdotes y sacerdotisas al servicio de nuestro Dios (Apocalipsis 5.9-10).

Mediante Cristo tenemos completo acceso a Dios, porque Él es nuestro Supremo Sacerdote, quien se sacrificó por nuestra causa. Por tal razón, todos los creyentes somos sacerdotes del reino de Dios, laicos y laicas, clérigos y clérigas. La distinción entre clérigos/as y laicos/as se fundamenta en sus respectivos papeles o roles dentro de la iglesia.

El sacerdocio de todos los creyentes reconoce la ordenación, la autoridad o disciplina dentro de nuestras iglesias. Los oficios de la predicación, enseñanza, administración de los sacramentos y la capacitación de los santos aún están viables en nuestra denominación. No obstante, no reconoce el elitismo espiritual. Todos somos uno en Cristo y miembros del sacerdocio de todos los creyentes. Somos además, llamados a proclamar las maravillas y obras de Dios, quien nos lleva de la oscuridad del pecado hacia Su luz admirable.

Al explorar el llamado de Dios

¿Ha escuchado usted el llamado de Dios para su vida? Probablemente usted lo ha escuchado de una manera u otra, o usted no habría tomado la decisión de tomar este curso de liderazgo en la iglesia.

La Biblia menciona cómo Dios obró a través de su pueblo y eventos:

- Dios llamó a Moisés desde una zarza ardiente.
- Dios llamó a Samuel a través de una voz en la noche.
- Dios llamó a Ester mediante las palabras de su primo Mardoqueo.
- Isaías tuvo una visión y escuchó a Dios preguntando a quién debía enviar.
- Dios envió a un ángel a María a revelarle el plan de llevar en su vientre al Hijo de Dios.
- Y Dios habló a José en un sueño cuando él tenía la preocupación de la situación en que se encontraba María.
- Dios llamó a Saulo a través de una luz cegadora en el camino hacia Damasco. Saulo estuvo ciego hasta que Ananías impuso sus manos sobre él.

Existen más llamados registrados en la Biblia:

- Dios llamó a Abraham en medio de su éxito, y a Jacob en medio de su fracaso.
- Dios llamó a Sara a llevar en su vientre un hijo, aun cuando ella pensaba que era imposible. De hecho, ella rió al saberlo. Ese hijo fue Isaac.
- Dios llamó a Jedeón en repetidas ocasiones y le dio la prueba que necesitaba.
- Dios llamó a Amos, un pastor de ovejas.
- Dios llamó a Jeremías antes de que naciera.
- Dios llamó a Elías con una voz suave.
- Dios llamó a Pedro, Santiago y a Juan con un simple "sígueme".
- Dios llamó a Marta en su ajetreado trabajo en la cocina.
- Dios llamó a Mateo cuando estaba su mesa de la colecta de impuestos, y a Zaqueo en un sicómoro.

- Dios llamó a un gentil en el camino a Gaza; a una mujer en un pozo de Samaria; a la cananea, quien se atrevió a discutir con Jesús; al ladrón colgado en la cruz a lado de Jesús.

Dios continuó llamando a la gente luego de que el cánon bíblico había sido cumplido. Dios llamó a un hombre jóven, Agustín de Hipona, a través de los cantos de unos niños vecinos. Dios llamó a Martín Lutero a través de una tormenta eléctrica, y el corazón de Juan Wesley ardió de forma extraña mientras escuchaba a alguien leer en voz alta el prefacio de Lutero de la Epístola a los Romanos.

Dios ha llamado a muchas otras personas a través de los siglos, ¡y eso le incluye a usted! ¿Cómo le está llamando Dios a usted? Puede ser que usted no haya escuchado la voz de Dios, pero quizás usted escuchó a otro siervo laico hablar sobre el ministerio, o su pastora le ha dado una sugerencia.

Al escuchar el llamado de Dios

¿Cómo distingue usted la voz de Dios llamándole a servir? Piense en todas las llamadas que recibe a diario: representantes de telemercadeo, amigos, familia, socios de negocios, etc. Piense en todos los nombres en que la gente le llama: mamá, papá, abuela, etc. Se nos llama de tantas maneras que puede ser difícil escuchar el llamado de Dios. Al igual que Samuel (1 Samuel 3), la voz de Dios se puede parecer a la voz de nuestra pastora o pastor o un amigo espiritual. Sin embargo, ¿será la voz de Dios?

Soren Kierkegaard escribió en su diario que lo que realmente le faltaba era tener claro en su mente quién era y lo que debía hacer, y no lo que debía saber. Lo que a él realmente le importaba era hacer lo qué Dios deseaba que él hiciera. (Sue Annis Hammond, *The Thin Book of Appreciative Inquiry* [Bend, OR: Thin Book Publishing Co., 1998], 20-21).

> "Queridos hermanos, no crean ustedes a todos los que dicen estar inspirados por Dios, sino pónganlos a prueba, a ver si el espíritu que hay en ellos es de Dios o no" (1 Juan 4.1).

Es importante tomar tiempo para escuchar la voz de Dios. A menudo, Jesús dejaba a los discípulos y a multitudes para irse a un lugar tranquilo a pasar tiempo con Dios, para escuchar la voz de Dios. Existen procesos que pueden ayudarnos a determinar si la voz que escuchamos o la experiencia que hemos tenido, o la oportunidad ante nosotros es un llamado de Dios. El proceso se conoce como discernimiento, el cual significa separar, clasificar o examinar nuestras experiencias interiores y exteriores para hallar la fuente del llamado y la respuesta indicada.

Las siguientes disposiciones o actitudes del corazón deben estar presentes en el tiempo de discernimiento[2]:

- Confianza. "Pon tu vida en las manos del Señor; confía en él, y él vendrá en tu ayuda" (Salmo 37.5). Tenemos que confiar que Dios está con nosotros, nos ama y capacita para hacer la obra que tiene para nosotros.

- Escuchar. "¡Ríndanse! ¡Reconozcan que yo soy Dios!" (Salmo 46.10). Necesitamos pasar tiempo en tranquilidad con los corazones y mentes abiertos para escuchar la voz de Dios.

- Oración. "Recurran al Señor, y a su poder; recurran al Señor en todo tiempo" (Salmo 10.4). Sin embargo, no se la pase hablando en la oración. Pida a Dios por sabiduría y dirección, y luego escúchele.

- Busque información. "Si ustedes se mantienen fieles a mi palabra, serán de veras mis discípulos; conocerán la verdad, y la verdad les hará libres" (Juan 8.31-32). Estudie las experiencias de otras personas y las maneras en que Dios les ha comunicado Su voluntad para sus vidas.

- Humildad. "[. . .] y guía [el Señor] por su camino a los humildes; ¡los instruye en su justicia!" (Salmo 25.9). La humildad se hace presente cuando reconocemos que nuestras fuerzas vienen de Dios, y en nuestras debilidades Su poder se perfecciona.

- Pureza en el propósito. "Dichosos los de corazón limpio, porque verán a Dios" (Mateo 5.8). Asegúrese de ser honesto/a, y no permita que su llamado sea influido por ideas de grandeza, de poder o sus propios intereses.

- Disciplina y perseverancia. "[. . .] y los que me buscan, me encuentran" (Proverbios 8.17). Tenga disciplina en sus intentos

---

2. Material adaptado de *Listening Hearts: Discerning Call in Community*, por Farnham, Gill, McLean, Ward. Harrisburg, PA: Morehouse Publishing, 1991, págs. 29-37.

de escuchar en el silencio la voz de Dios. Sea diligente al separar tiempo y espacio para estos fines.

- Paciencia y urgencia. "Guarda silencio ante el Señor; espera con paciencia a que él te ayude" (Salmo 37.7). El esperar pacientemente no necesariamente significa estar sin hacer nada. Continúe estudiando y orando, y mantenga el sentido de urgencia en comprender la dirección que debe tomar.

- Perspectiva. ". . . adoraron ídolos paganos, los cuales fueron causa de su ruina" (Salmo 106.36). Ponga atención a los obstáculos del deseo de seguridad, tiempo, dudas y justicia humanos.

Al responder al llamado de Dios

El escuchar y responder al llamado de Dios es vital para nuestra relación con Dios. ¿Alguna vez ha llamado a una criatura y ésta no responde a su llamado? ¿Recuerda la frustración que sintió? Cuando Dios nos llama, tenemos que estar listos para responder y actuar conforme se nos ha dicho.

Dios llamó a Jonás para que fuera a Nínive. Jonás respondió yendo a Tarsis. No obstante, Dios captó su atención y él finalmente hizo lo que Dios le encomendó a hacer. ¡Cuán fácil hubiera sido si Jonás hubiese respondido como lo hizo Isaías: "Heme aquí, envíame a mí."! Cuando Dios nos llama al servicio, es porque hay un propósito para ello.

El fenómeno del arbusto que ardía y no se consumía, captó la atención de Moisés, y gracias a eso, escuchó y respondió al llamado de Dios diciendo: "Aquí estoy". Dios lo usó para dirigir a los israelitas en su salida de Egipto. Y Samuel hizo como Elí le aconsejó respondiendo: "Habla, que tu siervo escucha." Dios entonces usó lo usó como profeta para la nación de Israel. Ester tuvo una posición única que influía los jucios del rey. Mardoqueo le dijo a Ester: "¡A lo mejor tú has llegado a ser reina precisamente para ayudarnos en esa situación!" Y al ella escucharlo, libró a los judíos de ser exterminados por Amán.

Las historias de llamados y respuestas están presentes a través de toda la Biblia y más allá de ella. En muchos de los casos, las respuestas fueron inmediatas y sin excusas. Ojalá su respuesta a Dios sea: "Heme aquí, envíame a mí."

El propósito de la iglesia es hacer discípulos de Jesucristo, y esto requiere que la gente responda a la voluntad de Dios para sus vidas. Nuestra tarea principal es alcanzar a la gente en nuestras comunidades y recibirla en la iglesia. Una vez están en la iglesia, les relacionamos con Dios, les nutrimos y fortalecemos en su fe cristiana. Sin embargo, aquí no termina nuestro trabajo. Esas personas—*nosotros*, el pueblo—tienen la responsabilidad de vivir vidas transformadas y alcanzar a más gente. Tenemos que escuchar y responder al llamado de Dios para cumplir con Su trabajo en el mundo y la iglesia.

Los dones espirituales

DOTADOS CON DONES

Dios no espera que usted vaya al mundo sin estar preparado para ello. El Espíritu Santo da dones que le capacitan para el servicio. Hay una diferencia entre el don del Espíritu Santo y los dones del Espíritu Santo. Todos los cristianos reciben el don del Espíritu Santo en el momento de su conversión a Jesucristo. El apóstol Pedro dijo: "Vuélvanse a Dios y bautícense cada uno en el nombre de Jesucristo, para que Dios les perdone sus pecados, y así él les dará el Espíritu Santo" (Hechos 2.38). Juan 3.6 nos enseña que los cristianos tienen "que nacer del Espíritu". Efesios 1.13 nos dice que somos "sellados como propiedad de Dios" por el Espíritu Santo. Varias porciones bíblicas hablan de ser "bautizados" en el Espíritu. (Véase Efesios 4.5; Hechos 11:15-16; 1 Corintios 6.9.)[3]

El Espíritu Santo nos es dado como un don y así reparte dones a todo cristiano. Hay una amplia variedad de estos dones espirituales y usted puede encontrar la descripción de los mismos en Romanos 12, 1 Corintios 12, y Efesios 4. Muchos de los dones son mencionados en estas porciones bíblicas, sin embargo, sólo Dios conoce la variedad de los dones existentes.

El Espíritu Santo concede los dones espirituales "para un trabajo de servicio, para la edificación del cuerpo de Cristo hasta que todos lleguemos a estar unidos por la fe y el conocimiento del Hijo de Dios, y alcancemos la edad adulta, que corresponde a la plena madurez de Cristo" (Efesios 4.10-13).

Los dones espirituales son bendiciones de Dios concedidas por el Espíritu Santo con el fin de capacitarnos para el ministerio. Nuestros dones nos proveen las destrezas y el poder que necesitamos para nuestros ministerios específicos. Cuando

---

3. Véase *The Thin Book of Appreciative Inquiy*, por Sue Annis Hammond. Bend, OR: Thin Book Publishing Co., 1998.

LOS DONES ESPIRITUALES SON:

- Bendiciones inmerecidas de Dios;
- Descripciones de trabajos para los ministerios;
- Medios para descubrir la voluntad de Dios;
- Garantías de un servicio eficaz;
- Medios para un servicio eficaz;
- Garantías para tener la salud y crecimiento;
- La presencia revelada del Cristo vivo;
- Garantizan resultados duraderos.

LOS DONES ESPIRITUALES NO SON:

- Destrezas adquiridas o talentos naturales;
- Papeles, roles u oficios;
- Para el propio beneficio, o fines divisivos;
- El fruto del Espíritu;
- Los mismos para todos/as.

descubrimos nuestros dones, podemos tener un mejor sentido de la voluntad de Dios en nuestras vidas, y cómo servir mejor. Somos más eficaces y eficientes en nuestros ministerios cuando usamos nuestros dones espirituales. Al usar nuestros dones demostramos la presencia de Cristo en nuestras vidas.

La gente a menudo confunde los dones espirituales con destrezas o talentos naturales. Nuestras destrezas o talentos humanos no dependen del poder del Espíritu Santo, sino de nuestras propias habilidades. Quienes no son cristianos/as pueden que tengan los mismos talentos o destrezas similares. Nunca somos lo suficientemente buenos para recibir algunos dones, sin importar cuánto los usemos. Dios da dones espirituales y nuestros deseos humanos no limitan a Dios.

A menudo pensamos que alguien tiene un don específico para el ministerio, porque él o ella tiene un puesto u oficio en la iglesia. Un papel, rol u oficio no garantiza que la persona que lo desempeña tiene un don espiritual para ese oficio en particular. La intensión de Dios al dar dones, no es para el desempeño de ciertos oficios o roles, sino para servir a *todos* los cristianos.

Los dones espirituales son para el beneficio de toda la iglesia. No debemos tener una actitud arrogante en cuanto a nuestros dones espirituales. Más aún, los dones espirituales no dividen a las iglesia—ellos deben unir a la iglesia en un solo cuerpo.

Hay una diferencia entre dones espirituales y el fruto del Espíritu (amor, alegría, paz, paciencia, amabilidad, bondad, fidelidad, humildad y dominio propio; véase Gálatas 5). El fruto del Espíritu guarda relación con quiénes somos, e impacta nuestra relación y calidad espiritual en nuestras vidas. Los dones espirituales, sin embargo, guardan relación con lo que hacemos, nuestro llamado y función en el ministerio.

EL CUERPO DE CRISTO

No todo el mundo tiene los mismos dones. Si fuera así, ¿cómo Dios garantizaría el funcionamiento de todos los ministerios en el mundo? El apóstol Pablo comparaba nuestros diferentes dones a las partes del cuerpo humano. El cuerpo no funcionaría bien sin todas las partes. Así pasa con los dones espirituales: si la iglesia falla en funcionar bien, si no se usan todos los dones espirituales.

CAPACITADOS PARA TODA BUENA OBRA

> "... pues es Dios quien nos ha hecho; él nos ha creado en Cristo Jesús para que hagamos buenas obras, siguiendo el camino que él nos había preparado de antemano" (Efesios 2.10).

Los dones del Espíritu Santo son recursos que nos preparan para hacer nuestros variados ministerios y las buenas obras. Cuando usamos estos dones conforme al propósito de Dios, los mismos impactan nuestra adoración, el estudio bíblico, la oración, el testimonio y el poder.

La iglesia, con una adoración auténtica, requiere la presencia y funcionamiento de todos los dones, no sólo los dones que tienen el ministro y músicos. Se requiere el funcionamiento de todas las partes del cuerpo para celebrar la unidad del poder, función y propósito. Cuando recibimos y usamos los dones espirituales para los cuales fueron dados, la Biblia se convierte en algo más que un documento sagrado; se convierte en una guía de estudio viviente para una vida santa e integral. Somos atraídos a una vida de oración más profunda según reconocemos y usamos los dones espirituales en medio nuestro.

En la medida que las personas se dan cuenta de que Dios les ha diseñado y dado habilidades para la salud y ministerio en general dentro del cuerpo de Cristo, ellas están más motivadas y alegres para compartir libremente con los demás. Damos testimonio al usar nuestros dones espirituales al servicio de los demás. Ya que el poder viene de Dios, nuestra nueva vida en Cristo nos da el poder para vencer ciertos aspectos de las fuerzas del mal en el mundo.

AL USAR LOS DONES ESPIRITUALES

"Como buenos administradores de los diferentes dones de Dios, cada uno de ustedes sirva a los demás según lo que haya recibido. Cuando alguien hable, sean sus palabras como palabras de Dios. Cuando alguien preste algún servicio, préstelo con las fuerzas que Dios le da. Todo lo que hagan, háganlo para que Dios sea alabado por medio de Jesucristo, a quien pertenece la gloria y el poder para siempre" (1 Pedro 4.10-11).

Dios no nos da estas extraordinarias habilidades para esconderlas o almacenarlas en un armario, sino para ser puestas al servicio de Dios y nuestros semejantes. Los dones espirituales están presentes y activos según nos llene el Espíritu Santo. Dios nos ha llamado a ser sal y luz del mundo. Si nuestra sal pierde su efecto, nuestros dones no serán efectivos.

Juan Wesley animó a los metodistas a participar en las "Ordenanzas de Dios", las cuales son llamadas los medios de gracia. Éstos son acciones de los cristianos que les mantienen en relación con Cristo y a manifestar su fe en sus vidas. Al practicar estas ordenanzas o medios, podemos mantenter un balance integral y una vida llena del Espíritu.

El ministerio de todos los cristianos

"El ministerio cristiano es la expresión de la mente y la misión de Cristo por parte de una comunidad de cristianos que demuestran una vida de gratitud y devoción, testimonio y servicio, celebración y

Algunos de los dones espirituales

- Profecía
- Pastorado
- Enseñanza
- Palabra de sabiduría
- Palabra de conocimiento
- Exhortación
- Discernimiento de espíritus
- Dar o repartir
- Ayudar
- Misericordia
- Misión
- Servicio
- Música espiritual
- Artesanía/arte
- Exorcismo
- Hacer milagros
- Evangelismo
- Hospitalidad
- Fe
- Liderazgo
- Administración
- Sufrimiento
- Sanidad
- Hablar lenguas
- Interpretación de lenguas
- Apostolado
- Celibato
- Intercesión
- Martirio
- Guerra espiritual
- Humor
- Pobreza voluntaria

discipulado. Todos los cristianos están llamados a este ministerio de servidumbre en el mundo para la gloria de Dios y para la realización del ser humano. Las formas de este ministerio varían según el lugar, los intereses y las características denominacionales . . ." (*Disciplina de la Iglesia Metodista Unida-2012*, ¶126, pág. 99).

A través del ministerio Cristiano, la gente comparte y muestra el alcance del amor de Jesús en el mundo. En nuestro bautismo nos comprometimos con Dios (o nuestros padres en nuestro favor) a "servir como representantes de Cristo en el mundo". (Véase "Baptismal Covenant I", *The United Methodist Book of Worship*.)

Este es el corazón del ministerio cristiano—compartir el amor de Cristo en el mundo. El ministerio cristiano ocurre en muchas formas y lugares, pero el propósito y mensaje son los mismos. Juan Wesley decía que el carácter de un metodista se demostraba al hacer todo para la gloria de Dios. Afirmaba además, que la única regla invariable se fundamentaba en Colosenses 3.17: "Y todo lo que hagan o digan, háganlo en el nombre del Señor Jesús, dando gracias a Dios el Padre por medio de él." [4]

El ministerio del laicado es un ministerio en el cual se está en la línea del frente, porque los laicos/as tienen directo acceso a la comunidad y a lugares que normalmente no tienen los clérigos y clérigas.

En algún momento en la historia y tradición de la iglesia se convirtió en práctica el conceder a los clérigos los derechos, privilegios y responsabilidades del ministerio. Los clérigos se convirtieron en el liderato "iluminado", y los laicos en los consumidores de la religión. Sin embargo, esa no es la manera en que se deben interpretar dichos roles o papeles. Es tiempo para que el laicado tome seriamente su papel en el ministerio, y acepte, celebre y use los dones del ministerio.

El ministerio fiel

> "El pueblo de Dios, que es la iglesia hecha visible en el mundo, ha de convencer al mundo de la realidad del evangelio o dejarlo indiferente. Esta responsabilidad no puede ser evadida o delegada. La iglesia es una fiel comunidad de testimonio y servicio, o pierde su vitalidad y su impacto en un mundo incrédulo" (*Disciplina de la Iglesia Metodista Unida–2012*, ¶130, pág. 100).

Dios llama a cada cristiano a ser fiel en su ministerio. Somos la iglesia hecha visible en el mundo, y es nuestra responsabilidad de hacer saber al mundo quién es Jesús. No podemos delegar esa responsabilidad, ni evadirla. El ministerio es tanto un don—la gracia inmerecida de Dios—como una tarea que requiere un servicio generoso. Es importante que el clero y el laicado comprendan este hecho, y vivan su ministerio como si hubiesen sido capacitados y llamados a trabajar en una fábrica o en un hospital, en el trabajo o en la casa, en la iglesia o en la comunidad.

---

4. Véase "El carácter de un metodista", *Tomo V, pág. 25 de Obras de Wesley*, editado por Justo L. González (Franklin, TN: Providence House Publishers, 1998).

Todas las personas en
Todos los lugares,
Y en
Todos los tiempos,
Son llamadas a amar
Y a servir.

Ministerio del laicado

Su respuesta

Tome tiempo para pensar en todo lo que ha aprendido hasta ahora. Luego escriba sus respuestas de las siguientes preguntas:

1. ¿Cuáles son las maneras en que usted ha escuchado el llamado de Dios en su vida?
2. ¿Cómo ha respondido a ese llamado?
3. ¿Cuáles son los dones que usted piensa tiene para el ministerio de todos los cristianos?

La tradición wesleyana

El ministerio del laicado fue la espina dorsal de los primeros comienzos del metodismo. Juan Wesley organizó a la gente convertida bajo su ministerio, para procurar su crecimiento en la gracia y el alcance de la santidad. La organización genial de Wesley se componía de los siguientes tres grupos: sociedades, clases y bandas. Las sociedades eran grupos grandes fuera de la iglesia, donde el Espíritu de Dios podía obrar para despertar y amonestar a la gente, conectarse con ella mediante la gracia preveniente, y donde ella podía reunirse semanalmente para orar, exhortar y el cuidado mutuo. Para ser miembro de una sociedad, la persona no tenía que ser cristiana. Las reuniones de clase eran más pequeñas, generalmente con no más de doce miembros. Había una atmósfera de familiaridad en esas reuniones. Las reuniones de clase proveían las bases para la mayordomía y la misión. A los participantes se les pedía que pagaran un centavo por semana y un cuarto de chelín. El dinero era usado para ayudar a la gente pobre. Las reglas de las sociedades y las reuniones de clase eran estrictas, ya que Wesley pensaba que no había cabida para la madurez espiritual sin disciplina.

Las bandas eran los grupos más pequeños que consitían de cinco a ocho miembros. Wesley pensaba que la formación espiritual sucedía cuando la gente del mismo sexo se reunía para discutir los asuntos de la vida espiritual y cómo vivirla.

Este acercamiento simplemente tiene sentido. Leemos y estudiamos la Biblia, pero, ¿qué *hacemos* con eso? ¡Es lo que *hacemos* lo que hace real y vivo lo que estudiamos! Nuestra fe tiene resultados en la actividad humana. La salvación personal siempre involucra la misión y el servicio cristiano en el mundo. Compartimos nuestra fe con los demás al servir y dar testimonio a nuestras amistades, familia, vecinos y el mundo. En los comienzos del metodismo, el ministerio del laicado desempeñaba un papel de suma importancia. El circuito de predicadores cabalgantes, quienes predicaban el evangelio de un lugar a otro, no siempre estaban disponibles para atender las necesidades de la congregación. Por lo tanto, el laicado respondía cuidando a la comunidad.

Exhortadores y líderes de clase

Los exhortadores y líderes de clase dirigían las reuniones de clase y bandas. Ellos dirigían los momentos de oración; daban discursos a las personas sobre materias de religion, las apoyaban y amonestaban; compartían sus experiencias, y testificaban sobre sus alegrías. No predicaban un sermón sobre un pasaje bíblico o texto. No obstante, los exhortadores a menudo se convertían en predicadores cuando el circuito de predicadores cabalgantes o el pastor fallaban en hacer acto de presencia.

En los comienzos de nuestra historia metodista, la Iglesia Anglicana desaprobaba la predicación laica. Susana Wesley había alarmado a su esposo, un sacerdote anglicano, con la "irregularidad" de sus avivados servicios. Las reuniones de Susana consistían en estudios bíblicos y sesiones de adiestramiento llevados a cabo en la rectoría de Epworth.

Juan Wesley fue finalmente forzado a admitir que los laicos podían hacer un trabajo mucho más que aceptable de la predicación, enseñaza y ministerio. Eventualmente él dijo: "Denme cien predicadores, quienes no teman a nada sólo a Dios, y me importará un comino si son clérigos o laicos, sólo así sacudirán las puertas del infierno y establecerán el reino de los cielos en la tierra."

Hoy necesitamos recordar nuestra herencia y restaurar el ministerio del laicado para convertir la iglesia en lo que Dios ha querido que sea. Los *Ministerios de servicio laico* adiestra a equipos de personas laicas en el uso de sus dones espirituales para la variedad de ministerios dentro de las áreas de liderazgo, cuidado y comunicación. La experiencia, camaradería y red de relaciones que suceden en los *Ministerios de servicio laico* y los cursos de liderazgo y enseñanza, preparan y animan al laicado a explorar los numerosos tipos de oportunidades para la misión y ministerio. Estas experiencias proveen oportunidades para obtener una mayor comprensión de lo que significa servir a Cristo. Cultivan un amplio entendimiento de lo que significa servir a Cristo dentro de la iglesia y fuera de ella.

(Véase al final de este manual una breve historia de los *Ministerios de servicio laico*.)

Reflexión bíblica

Lea 1 Pedro 2.9-10.

1. ¿Qué significa para usted ser un miembro del real sacerdocio de Cristo?

2. ¿Cómo experimenta usted en su vida el sacerdocio de todos los creyentes?

3. ¿Cuáles son los actos poderosos de Dios que usted puede proclamar?

Segunda sesión: El liderazgo

Después de lavarles los pies, Jesús volvió a ponerse la capa, se sentó otra vez a la mesa y les dijo:—¿Entienden ustedes lo que les he hecho? Ustedes me llaman Maestro y Señor, y tienen razón, porque lo soy. Pues si yo, el Maestro y Señor, les he lavado a ustedes los pies, también ustedes deban lavarse los pies unos a otros. Yo les he dado un ejemplo, para que ustedes hagan lo mismo que yo les he hecho. Les aseguro que ningún servidor es más que su señor, y que ningún enviado es más que el que lo envía. Si entienden estas cosas y las ponen en práctica, serán dichosos.

Juan 13.12-17.

Objetivos intruccionales:

Al finalizar esta sesión, el o la participante podrá:

1. Describir el liderazgo servidor o de servicio;
2. Discutir los papeles o roles importantes del liderazgo;
3. Describir y discutir qué significa ser un o una líder espiritual;
4. Demonstrar los principios de la conferencia cristiana y describir los aspectos del consenso y discernimiento.

El ministerio de servicio

A todos/as los cristiano/as llamados al liderazgo se les conoce como siervos/as. La *Disciplina de la Iglesia Metodista Unida–2012*, menciona en el párrafo 133, que el ministerio de todos los cristianos es uno de servicio a la misión de Dios en el mundo. Las enseñanzas de Jesús sobre el ministerio de servicio y el liderato moldean al ministerio de todos los cristianos. La Iglesia Metodista Unida reconoce, que tanto el laicado como como las personas ordenadas, reciben el llamado de Dios al liderazgo. El liderato ayuda a formar discípulos cristianos en la comunidad de pacto de la congregación local a través de la formación espiritual y guía para el vivir cristiano en el mundo.

Nuestro ministerio es un privilegio y a la vez una obligación. Es un privilegio, porque al estar en una relación espiritual con Dios, somos una nación santa, un real sacerdocio, un pueblo adquirido por Dios y proclamamos las poderosas obras de Dios (1 Pedro 2.9).

El privilegio de nuestra relación espiritual crece y trasciende a medida que maduramos en la fe. Esto requiere de una práctica y nutrición intencionales para que podamos crecer en gracia (gracia santificadora) y movernos hacia lo que Juan Wesley llamó la "perfección cristiana". Wesley describió la perfección como un corazón "constantemente lleno de amor para Dios y el prójimo" y "el tener la mente de Cristo y caminar como él caminó".

> "Porque el reino de Dios no es cuestión de comer o beber determinadas cosas, sino de vivir en justicia, paz y alegría por medio del Espíritu Santo" (Romanos 14.17).

El ministerio de servicio es también una obligación. Los primeros metodistas incorporaron un estilo de vida que albergaba responsabilidad en el cumplimiento de sus obligaciones con Jesús. Las "Reglas Generales" (páginas 79-81 de la *Disciplina de la Iglesia Metodista Unida–2012*), expresan los métodos del discipulado. Juan Wesley publicó estas reglas por primera vez en 1743 y aún hoy están vigentes.

El liderazgo de servicio

El llamado al liderazgo de servicio es experimentado por el laicado y personas ordenadas. "Dichos llamamientos se hacen evidentes por medio de dones especiales, la gracia de Dios, y la promesa de utilidad" (*Disciplina de la Iglesia Metodista Unida–2012*, ¶138).

"El privilegio del liderazgo de servicio en la iglesia es el llamado a compartir en la preparación de congregaciones y de la glesia en general para la misión de Dios en el mundo. La obligación del liderazgo de servicio es la formación de discípulos cristianos en la comunidad de pacto dentro de la congregación, [. . .] y guiar los discípulos cristianos en su testimonio de Cristo Jesús en el mundo por medio de actos de adoración, devoción y compasión y justicia, bajo la guía del Espíritu Santo" (*Disciplina de la Iglesia Metodista Unida–2012*, ¶138).

Los líderes servidores somos inclusivos cuando servimos a todas las personas sin ninguna discriminación. "La marca de una sociedad inclusiva es una que está abierta a toda persona, es acogedora, acepta plenamente y apoya a toda persona haciendo posible su participación plena en la vida de la iglesia, la comunidad y el mundo. Una marca más de la inclusividad es el colocar las actividades de la iglesia en instalaciones accesibles a personas con impedimentos" (*Disciplina de la Iglesia Metodista Unida–2012*, ¶140).

Jesús dijo: "[. . .] el que entre ustedes quiera ser grande, deberá servir a los demás; [. . .] del mismo modo, el Hijo del hombre no vino para que le sirvan, sino para servir [. . .]" (Mateo 20:26-28). Jesús modeló el liderazgo servidor cuando lavó los pies de los discípulos.

Nuestro ministerio en el mundo

Vemos en Lucas 10, que Jesús envía a setenta discípulos de dos en dos delante de él, a lugares adonde tenía que ir. Él les dijo que alcanzaran a la gente que no conocían. Les dijo que la cosecha era mucha, mas los trabajadores pocos. Les instruyó además, a orar al Dueño de la cosecha para que mandara más trabajadores. Cuando los discípulos regresaron estaban admirados de haber sido capaces de hacer que los demonios les obedecieran en el nombre de Jesús. Jesús les dijo que no se alegraran por eso, sino de que sus nombres ya estaban escritos en el cielo.

Hoy día debemos recordar estos principios al empezar nuestro liderazgo servidor. Nos preparamos para la misión al estudiar con el Maestro. Debemos escuchar las instrucciones que nos da y orar por ayuda en nuestras misiones. Mientras estamos en misión y ministerio, no debemos malgastar el tiempo en lugares donde no somos bienvenidos. No debemos admirarnos en demasía con nuestros logros, sino ser agradecidos de que Dios nos usa para colaborar en el establecimiento de su reino en la tierra.

Como líder servidor/a, ¿será capaz de delegar su autoridad a quienes usted sirve? Una manera de evaluar su destreza como líder es preguntándose: ¿Están creciendo en su fe y desarrollando sus destrezas de liderazgo las personas a quienes sirvo? Un aspecto importante del liderazgo servidor es el animar a otros a crecer y usar sus dones espirituales. Líderes quienes están espiritualmente inmaduros/as o inseguros/as, pueden impedir el crecimiento de quienes sirven.

Como líder, ¡cuídese del orgullo espiritual! Recuerde que los cristianos tienen igual acceso a Dios—nuestro aprendizaje, grados académicos, doctorados no nos dan una condición privilegiada ante los ojos de Dios. Según ocupemos puestos de liderazgo debemos conservarnos humildes y no servir conforme a nuestras propias motivaciones o alimentar nuestros egos, sino que nuestra motivación debe estar centrada a favor del crecimiento y bienestar de los demás.

Su papel o rol en la capacitación de líderes

Una de las tareas importantes de todo líder debe ser el desarrollo de futuros líderes. Debemos animar y ser mentores de otros cuando vemos en ellos el potencial como líderes. Esté atento a quienes muestran cualidades de liderazgo. Anímeles a desarrollar sus dones espirituales y a descubrir áreas del ministerio cristiano que les brinden pasión. Observe el brillo en los ojos de quienes están contentos con su papel en el sacerdocio de todos los cristianos. Ninguno de nosotros estará cerca de ellos para siempre. Por lo cual, es ciertamente una buena mayordomía ser mentor o mentora de otros en el rol de liderazgo. El corazón del desarrollo de líderes es tener una visión que va más allá de ver a alguien frente a usted; creer en alguien más de lo que esa persona puede creer en sí misma; es ver más allá de su actual potencial, no sólo ver quién *es* esa persona, sino en lo que *puede llegar a convertirse*.

Magritte, un pintor belga que vivió la primera parte del siglo pasado en Francia, pintó una gran ilustración que demuestra el corazón del desarrollo de líderes. Su pintura representó a un hombre sentado al frente de una pintura a medio completar de un pájaro. El hombre parecía estar dando toques finales a su lienzo. Sin embargo, está claro que la inspiración del pintor no es un pájaro, sino un huevo. Mientras el pintor pinta, el ve más allá de un huevo, el ve al pájaro; él ve más allá del estado *actual* del huevo, ve su *potencial*.

Piense en los discípulos a quienes Jesús escogió. ¿Con qué tuvo Jesús que trabajar? ¡Casi nada! Él escogió como sus seguidores a un grupo de pescadores sin educación, colectores de impuestos, un par de judíos nacionalistas impetuosos y potencialmente violentos. Si Jesús sólo hubiese visto el estado actual de estos hombres, no hubiese tenido mucho que ver: Pedro, quien no sabía contener su desenfrenada lengua; Felipe, quien era tímido y pesimista; Tomás, quien dudaba constantemente y era escéptico; Santiago y Juan llenos de una ambición egoísta.

Jesús tenía las razones suficientes del mundo para no mirar a sus discípulos si se hubiera enfocado en la situación actual de ellos. Él vio en lo que podían llegar a convertirse. Se puso los lentes del potencial, y cada uno de ellos (con la excepción de uno) hizo grandes cosas para Dios.

En el caso del apóstol Pablo, fue Bernabé quien primeramente creyó en él. Pablo fue mentor de un gran número de hombres, incluyendo a Timoteo. Cuando otros veían a un líder joven, quien a menudo era tímido y quizás con una personalidad no tan fuerte como se esperaría de un líder, Pablo veía mucho más y nutría su desarrollo. Eventualmente, Pablo le pasaría el batón de su ministerios a Timoteo.

Pablo y Timoteo buscaban a otros hombres fieles quienes pudieran también pasar el batón del liderato a la próxima generación. El batón ha sido pasado de generación en generación hasta llegar a usted. Usted es el único o la única en tomarlo ahora, y Dios le da la responsabilidad y el privilegio de buscar a la próxima persona para recibirlo una vez usted lo pase.

El liderazgo espiritual

"Por eso habiendo recibido a Jesucristo como su Señor, deben comportarse como quienes pertenecen a Cristo, con profundas raíces en él, firmemente basados en él por la fe, como se les enseñó, y dando siempre gracias a Dios. Tengan cuidado: no se dejen llevar por quienes los quieren engañar con teorías y argumentos falsos, pues ellos no se apoyan en Cristo, sino en las tradiciones de los hombres y en los poderes que dominan este mundo" (Colosenses 2.6-8).

Es importante estar preparados espiritualmente para desempeñar bien su papel o rol de líder. Ya que usted es un/una líder, los demás le verán como un modelo a seguir.

Las disciplinas espirituales: Un llamado hacia una vida santa

"Por eso, estén preparados y usen de su buen juicio. Pongan toda su esperanza en lo que Dios en su bondad les va a dar cuando Jesucristo aparezca. Como hijos obedientes, no vivan conforme a los deseos que tenían antes de conocer a Dios. Al contrario, vivan de una manera completamente santa, porque Dios, que los llamó, es santo; pues la Escritura dice: 'Sean ustedes santos, porque yo soy santo'" (1 Pedro 1.13-15).

Wesley llamó a estas disciplinas espirituales los medios de gracia y las "ordenanzas de Dios". Éstas eran prácticas, o medios para estar en relación con Dios. La práctica de los medios de gracia capacitan a los cristianos para obedecer los mandatos de amar a Dios con todo el corazón, con toda el alma y con todas las fuerzas, y con toda su mente, amar al prójimo como ellos mismos y amarse unos a otras como Cristo ama. Cuando hacemos de estos medios de gracia un hábito en nuestra vida diaria crecemos en la santidad del corazón y la vida.

La clave para el crecimiento cristiano no es el sentimiento, sino la fidelidad. Si dependemos de los sentimientos puede que hayan días que no nos sintamos con deseos de orar o estudiar las Escrituras. Sin embargo, la fidelidad nos llama a practicar estos medios de gracia, ¡sin importar cómo nos sintamos! Dios es fiel en proveernos estos medio de gracia, por lo tanto, debemos ser fieles en practicarlos.

Haga sus prácticas espirituales, cultive otras nuevas, y crezca en su fe. Hágalas parte de usted y modélelas en su iglesia, reuniones y en sus altares familiares. Anime a un equipo de participantes a practicar las disciplinas espirituales y crecer en su relación con Dios.

En las sociedades y reuniones de clase de Wesley, había reglas a seguir. Había requisitos para los miembros y personas de modo que fueran responsables de seguir dichas reglas. Wesley no veía estas reglas como leyes de la iglesia, sino un forma de discipulado. Estas reglas fueron expuestas nuevamente por el Obispo Rueben Job en su libro *Tres reglas sencillas—una conducta de vida wesleyana* (Abingdon Press, ISBN-13: 9780687654932).

Las "Reglas Generales" mantienen un balance con las enseñanzas de Jesús.

> # Los medios de gracia
> - Adoración o culto público a Dios
> - Oración privada y de familia
> - El estudio o escudriñamiento de las Ecrituras
> - La Cena del Señor
> - Ayuno o abstinencia
> - Conferencia cristiana
> - Obras de misericordia

Discipulado Responsable y Grupos de Pacto

Los Grupos de Pacto de Discipulado son diseñados para funcionar como las reuniones de clase de Wesley. Muchas iglesias han desarrollado grupos pequeños de camaradería y estudio, pero los mismos no están diseñados para ayudar a sus miembros a mantenerlos responsables de su crecimiento espiritual.

Las "Reglas Generales" sugieren que la vida y enseñanzas de Cristo requieren a sus discípulos mantener un balance entre las obras de misericordia (compasión y justicia) y las obras de piedad (adoración y devoción). Dichas obras son tanto privadas (compasión y devoción), y públicas (actos de justicia y adoración). Las obras de compasión son acciones que hacemos para alcanzar las necesidades de nuestro prójimo, y quien se encuentre en necesidad. Las obras de justicia se relacionan a las obras de compasión, porque es cuando hacemos preguntas usando "cuál o qué" y "por qué". *¿Por qué nuestro prójimo está sufriendo? ¿Cuál es la causa?*

Los actos de devoción son los medios de gracia que practicamos para cuidar nuestra relación con Dios. Las mismas incluyen: la oración, el ayuno, llevar un diario con nuestras reflexiones bíblicas, etc. Las mismas nos ayudan a centrar nuestras vidas diarias en Cristo.

Los actos de adoración son las ofrendas públicas que hacemos a Dios, las cuales incluyen los lugares en donde como cristianos alabamos, cantamos, oramos y escuchamos la proclamación de la Palabra.

Los Grupos de Pacto de Discipulado son reuniones cristianas en donde los cristianos "se cuidan unos a otras en amor" al reunirse semanalmente y vigilar cómo está su discipulado. Dichas reuniones son orientadas a la tarea de ayudarse unos a

Las Reglas Generales

Se espera, por lo tanto, que todos los que continúan en ella [sociedades] sigan manifestando su deseo de salvación.

Primero: no haciendo daño, evitando toda clase de mal, [. . .]

Segundo: haciendo lo bueno; siendo misericordiosos de cuantas maneras les sea possible, y haciendo toda clase de bien conforme tengan oportunidad, y en la medida posible, a todos los hombres [. . .]

Tercero: asistiendo a todas las ordenanzas de Dios [. . .] (*Disciplina de la Iglesia Metodista Unida*–2012, ¶104).

La Regla General de Discipulado

"Testificar de Jesucristo en el mundo y seguir sus enseñanzas por medio de actos de compasión, justica, adoración y devoción, bajo la guía de Espíritu Santo" (*Disciplina de la Iglesia Metodista Unida*–2012, ¶1117, 2-a, pág. 624).

otras para ser mejores discípulos. Una de las más importantes dinámicas del Grupo de Pacto es la relación que se desarrolla entre sus miembros. Los Grupos de Pacto de Discipulado son valiosos y medios efectivos para identificar y nutrir líderes en el discipulado para la misión y el ministerio. Estas reuniones no son donde nuestro discipulado ocurre, pero es donde podemos asegurarnos de que suceda.

Los líderes quienes son discípulos están llamados a testificar a Cristo en el mundo al seguir las enseñanzas de Cristo. Vivimos la historia al hacer de sus enseñanzas, su vida y sus mandamientos parte de nuestras vidas. Los discípulos que son líderes, dan buenas nuevas a los pobres, liberan a los cautivos, abren los ojos al ciego, liberan al oprimido. Ellos y ellas alimentan al hambriento, dan de beber a la sedienta, visten al desnudo, dan la bienvenida al extranjero, cuidan a las personas sin hogar, visitan al enfermo y prisionero. Los líderes disciplinados aman a Dios y a su prójimo como a ellos mismos. Ellos y ellas se aman unos a otras como Cristo les ama, y perdonan como Cristo perdona.

La Iglesia Metodista Unida sostiene que la obra de salvación—la aceptación y perdón de Dios—pese a nuestro pecado, no termina con el ser perdonados/as. La obra redentora de Dios continúa nutriéndonos y permitiéndonos crecer en su gracia. El poder del Espíritu Santo nos capacita para crecer en el conocimiento del amor de Dios y nuestro prójimo.

Este crecimiento en amor y conocimiento es la gracia santificadora, y nos lleva hacia el don que Juan Wesley llamó la perfección cristiana. Wesley la describió como un corazón lleno de amor por Dios y nuestro prójimo.

La perfección cristiana no significa una espiritualidad infalible, o que el cristiano o cristiana es superior a los demás. Es la simpleza en el propósito, un deseo de hacer la voluntad de Dios y descubrir un propósito central. Es nuestro deseo controlado de hacer la voluntad de Dios en la tierra como en el cielo. Dios conoce nuestras intenciones, y cuando nuestra intención es la de vivir en su voluntad, Dios la llama perfecta, aún ésta pueda incluir algunas malas hierbas y lodo. En otras palabras, Dios no rechaza tener una relación con nosotros cuando nuestro desempeño de su voluntad es imperfecto.

La perfección
- Simpleza en el propósito o la intención
- El poder sobre el pecado
- Dependencia total en Cristo
- Capacitación para el ministerio
- Una experiencia de crecimiento continuo

Herramientas para el liderazgo

Existen herramientas que le pueden ayudar a usted como líder a planificar, organizar, establecer objetivos para proyectos, misiones y ministerios.

DESCUBRIR LA REALIDAD ACTUAL

La realidad actual es "como las cosas están ahora mismo". Este es el momento para recopilar información sobre el estado de los asuntos relacionados a su proyecto y la iglesia. Aquí hay la oportunidad para practicar el escuchar la voz de Dios en relación a su área de ministerio y tomar notas de hechos importantes que afectan a su planificación. Examine su papel y lugar en la comunidad de fieles en la misión de alcanzar y recibir la gente, relacionarla con Dios, nutrirla en Cristo y la vida cristiana, y enviarlas como ministros al mundo.

ESTABLECER LA VISIÓN COMPARTIDA

¿Cuál es la imagen que Dios tiene de la misión y ministerio de su iglesia? Tome un tiempo con los comités de su iglesia y líderes para discernir el mejor futuro de la misión o ministerio. Vean el panorama total y traten de verse como agentes de la gracia y amor de Dios. Cuando usted comparte una visión, la misma cuenta con más apoyo y poder. Es un tiempo valioso para todos los participantes estar "en la misma página" para que puedan trabajar juntos hacia una meta en común.

DESARROLLAR PLANES DE ACCIÓN

Sus planes de acción son las vías que le guían a moverse de su "realidad actual" hacia su "visión compartida". Como líder, una de sus tareas es mantener la vista en la realidad actual y en lo que se espera realizar, para que usted pueda construir puentes que conecten con el futuro. Los puentes son las metas a corto plazo y los planes de acción necesarios para cumplir con el trabajo que hará de la visión una realidad. Sea flexible, porque Dios puede abrir diferentes avenidas para ese futuro que usted ha planificado. Recuerde que los planes de acción deben ser específicos, medibles y realizables. Ponga sus planes en las manos de Dios. Los líderes fieles están atentos al discernimiento de la congregación, miembros del equipo y al corazón de Dios al cumplir con la misión de la iglesia. El planificar y a la misma vez orar, ayuda a mantener a todos/as enfocados en la meta o visión.

EXAMINAR LA JORNADA

Esté alerta de cómo van las cosas, y haga lo mejor que pueda para seguir con los planes a pesar de los contratiempos. Acepte esos contratiempos como inevitables y no se sorprenda de que ocurran. Satán, de seguro, atentará desbaratar los planes de crecimiento del reino de Dios. Evalúe los logros a la luz de los otros ministerios de la iglesia o comunidad. Mantenga la misión alineada a la misión de Dios a través de una honesta evaluación y discernimiento de la efectividad o impacto de la misión o el proyecto de ministerio.

LA UNIDAD DEL MINISTERIO

La *Disciplina* habla sobre el llamado de todos los cristianos a través de su bautismo para compartir el amor de Dios en el mundo. Estos llamados al liderazgo servidor son recibidos por el laicado y las personas ordenadas. Tales llamados son evidencia de los dones especiales y la gracia de Dios en el cuerpo de Cristo. Cada cristiano/a tiene la promesa de ser capaz de esparcir las buenas nuevas y hacer discípulos.

El párrafo 131 de la *Disciplina de la Iglesia Metodista Unida–2012* menciona la unidad del ministerio en Cristo:

> "Sólo hay un ministerio en Cristo, pero hay diversos dones y evidencias de la gracia de Dios en el cuerpo de Cristo (Efesios 4.4-16). El ministerio de *todos* los cristianos [letra en cursiva por la autora] es complementario. Ningún ministro está supeditado a otro. Cristo llama y envía a todos los metodistas unidos a vivir y a trabajar conjun-

tamente en interdependencia mutua, y a dejarse guiar por el Espíritu a la verdad, que libera y al amor, que reconcilia."

Todos los papeles son importantes en la iglesia y ninguno está subordinado, o es menos importante que otro. Laicos/as y clérigos/os, predicadores/as y oradores/as laicos/as son compañeros en el ministerio, trabajando juntos para hacer discípulos de Jesucristo.

Hay diversidad de dones espirituales y no hay una persona que los tenga todos. No hay pastor, por más maravilloso que éste sea, que pueda hacer todo el ministerio. Por eso somos el cuerpo de Cristo—tenemos dones diferentes, ninguno más importante que el otro. Efesios 4.11-13 nos dice que somos llamados para ser apóstoles, profetas, evangelistas, pastores y maestros a fin de capacitar al pueblo de Dios para un trabajo y servicio, para la edificación del cuerpo de Cristo hasta alcanzar la unidad en la fe. Además, el versículo 16 dice: "Y por Cristo el cuerpo entero se ajusta y se liga bien mediante la unión entre sí de todas sus partes; y cuando cada parte funciona bien, todo va creciendo y edificándose en amor."

Como el laicado ejerciendo el liderato, debemos encontrar maneras para trabajar con los líderes nombrados para albergar y expandir el ministerio de todos los cristianos. Mientras servimos con los líderes nombrados (clérigos/as), es importante que mostremos mutua abogacía. Tenemos que apoyarnos unos a otras y animar a quienes tienen problemas con un líder en la búsqueda de la comunicación y reconciliación. Como parte de trabajar juntos, es necesario animarnos unos a otros al proveer retroalimentación constructiva y dar sostén necesario. La buena comunicación debe desarrollarse para que podamos interpretar acciones y construir la confianza. El ser honestos y confiables es esencial para el desarrollo de un trabajo en compañerismo. Resulta útil el tratar de comprender las diferencias de personalidades, edad, y experiencias para hacer relaciones. Ore por cada cual con regularidad. En la medida que se desarrolle la confianza, las peticiones de oración podrán compartirse. La persona laica puede ser la primera en necesitar tener la iniciativa de mejorar las relaciones de trabajo. Sin importar quien tenga la iniciativa, ambas partes deben trabajar hacia una relación de confianza y responsabilidades compartidas. La iglesia será más efectiva en todo lo que haga cuando todo el pueblo de Dios use sus dones en el ministerio y la misión.

Al dirigir reuniones

Uno de los papeles o roles del liderazgo es dirigir reuniones. Es importante planificar las reuniones para que puedan ser lo más productivas posibles. A nadie le gusta asistir a reuniones desorganizadas e infructuosas.

LA CONFERENCIA CRISTIANA

La práctica de la conferencia santa es asunto de cómo gobernamos nuestras vidas juntos. La misma puede afectar profundamente a nuestra iglesia, porque nos llama a formarnos unos a otras—no a despedazarnos—y enfatiza la camaradería dentro del cuerpo de Cristo.

Todas las reuniones deben ser momentos para la conferencia cristiana o santa. Si ofrendamos nuestro tiempo de reunión, entonces debemos dedicar una décima parte del tiempo de la reunión en devociones y oración. Cuando dirigimos reuniones con oraciones leídas o contenidas en libros, perdemos la oportunidad de tener un tiempo de verdadera fraternidad y crear comunidad. Debemos recordar de quién es el trabajo que hacemos cuando nos reunimos. *¿De quién es esta iglesia?* No es nuestra, sino de Dios.

Principios de la conferencia cristiana

- La inclusividad
- La comunicación respetuosa
- Normas
- El concenso y el discernimiento

Establecimiento del ambiente espiritual

- Punto focal (velas, fotografías, etc.)
- La oración
- Las Escrituras
- Lecturas responsivas
- Canciones, himnos, coritos, etc.

Trate de encender una vela para Cristo y tenga un retrato sagrado a la vista, o tenga una silla vacía para Jesús como un recordatorio de que Él está con ustedes. Establezca el ambiente de la reunión al meditar en las Escrituras o al orar por una petición personal o asuntos relacionados a la agenda de la reunión. Presentar a Dios las peticiones de oración al principio de la reunión puede ayudar a los participantes a estar enfocados en el trabajo en discusión. Haga de cada reunión un tiempo para la congregación espiritual.

Planifique incluir en la agenda un tiempo para estos fines, y permita un tiempo para la oración y discernimiento en cuanto a las decisiones que deba tomar el grupo. Esto tomará más del tiempo indicado y al establecer un ambiente espiritual en la reunión afectará el humor de los participantes.

Practique la inclusividad cuando forme comités y grupos de trabajo. Asegúrese que los lugares de reunión sean de fácil acceso para personas discapacitadas. Provea cuido para los niños/as cuando sea necesario. Haga lo mejor que pueda al proveer una atmósfera de bienvenida. Establezca pautas o guías para la comunicación de todas las reuniones. (Véase la Sesión 5 para información adicional sobre las "Normas para la comunicación respetuosa".)

EL DISCERNIMIENTO

El discernimiento es simplemente buscar la dirección de Dios en una situación en particular. Esto significa escuchar la voz de Dios, buscar dirección, mientras usted hace planes para el trabajo de misión y ministerio. Cuando usted usa el discernimiento, usted está tratando de ver el asunto principal de la situación con ojos espirituales.

> "Y si te desvías a la derecha o a la izquierda, oirás una voz detrás de
> ti, que te dirá: 'Por aquí es el camino, vayan por aquí'" (Isaías 30.21).

¡El discernimiento no es un concepto nuevo! Samuel escuchó la voz de Dios para discernir cuáles de los hijos de Jesé sería el rey ungido. Salomón oró para tener una mente abierta a la sabiduría y el discernimiento. Romanos 12.2 dice: "[. . .] cambien su manera de pensar para que así cambie su manera de vivir y lleguen a **conocer [discernir]** la voluntad de Dios, es decir, lo que es bueno, lo que es grato, lo que es perfecto".

1 Corintios 12.10 habla del don espiritual del discernimiento de espíritus o distinguir entre los espíritus falsos y el Espíritu verdadero. 1 de Juan 4.1 dice: "[. . .] no crean ustedes a todos los que dicen estar inspirados por Dios, sino pónganlos a prueba [discernir], a ver si el espíritu que hay en ellos es de Dios o no." Los primeros cristianos temían a las voces de los falsos profetas, así que ellos "probaban" a los espíritus. El Espíritu de Dios, presente entre ellos, determinaba lo que servía para el bien de la comunidad. ¿Recuerda el argumento en Hechos sobre si el nuevo creyente necesitaba ser circuncidado? Los apóstoles y ancianos ser reunieron para considerar la pregunta, y luego llegaron a tener unidad de mente y corazón mediante el discernimiento (Hechos 15).

El propósito y meta del discernimiento espiritual, es conocer y hacer la voluntad de Dios. Tenemos que mantener nuestros ojos y corazones en este propósito y meta. Luego de conocer esta larga historia sobre el uso del discernimiento, ¿por qué no lo tomamos en cuenta al tomar decisiones en la iglesia hoy en día? Asegúrese de tomar tiempo para orar y discernir cuando tenga que tomar una decisión en relación a su misión y ministerio.

Un proceso para el discernimiento[5]

Formulación de la pregunta: Establezca claramente la pregunta, el asunto para discernir.

Fundamento del proceso: Seleccione y establezca los principios guías, creencias, y valores que el grupo revisará en cualquier punto del discernimiento.

El desprendimiento o "dejar ir": Exponga a la luz prejuicios, falsas conjeturas, conclusiones o deseos predeterminados, mecanismos de defensa o preocupaciones, y déjelos descansar por un tiempo. Estos son procesos de "dejar ir" y "estar abiertos".

Ir a la raíz del asunto: Relacione el tema bajo discernimiento usando imágenes bíblicas, textos e historias de su tradición religiosa.

---

5. Tomado y adaptado de *Discerning God's Will Together* por Chuch Olsen y Danny Morris [Upper Room Books]. Usado con permiso.

Escuchar: Esto involucra la oración en silencio, la investigación, preguntar o consultar a otras personas y compartir experiencias. Ésta es una de las etapas más importantes.

Explorar: Use el poder de la imaginación para identificar todas las posibles direcciones u opciones, y examínelas a la luz de los principios establecidos en la etapa del fundamento del proceso [segunda etapa].

Perfeccionar: Seleccione las mejores opciones posibles de la etapa de exploración y mejore, perfeccione o "póngale carne" para que el grupo pueda enunciarlas claramente.

Seleccionar las opciones: Seleccione las opciones en base a las preferencias del grupo. Pruébelas mediante el uso práctico del juicio, razón, intuición y tradición (véase la etapa de "Ir a la raíz del asunto").

Concluir: Concluya la discusión y establezca la decisión o dirección a seguir. Llame al consenso.

Descansar: Permita que la decisión descanse para ver si la misma brinda sentido de paz y movimiento hacia Dios, o un sentido de ansiedad y se mueve en sentido opuesto a Dios.

EL CONSENSO

En un grupo de personas hay consenso cuando los miembros están de acuerdo o en armonía. Cuando hay consenso entre los miembros de un grupo, se crea una dinámica de cooperación. Las personas trabajan juntas por la mejor decisión posible para el grupo.

En algún punto de la historia, la iglesia incorporó el modelo secular conocido como las "Reglas de Orden de Roberto" para poder gobernarse a sí misma. Hemos perdido el centro de discernimiento, el consenso, y el uso de procedimientos parlamentarios para conducir nuestras reuniones. Otras iglesias, como las de los cuáqueros y la Iglesia Unida de Australia han llegado a la conclusión de que el consenso es el mejor proceso para tomar decisiones.

En los procedimientos parlamentarios empleamos mociones, enmiendas y enmiendas a las enmiendas hasta que finalmente realizamos la votación. A menudo, esto resulta en una división dentro de la casa y genera una situación en la que unos

SEGUNDA SESIÓN: EL LIDERAZGO

ganan y otros pierden. Si la persona que preside no es una experta en los procedimientos, el resultado es la confusión masiva. Se considera aceptable atacar y poner a menos el punto de vista de los demás para que se apoyen y endosen nuestras propias ideas. Entonces la votación sucede sin tener una idea clara del asunto en discusión, a causa del ambiente antagónico en que se dio la misma (la discusión).

Por otro lado, a través del modelo de consenso, las personas que toman decisiones escuchan y entienden cada asunto de interés, y se aceptan los resultados. No necesariamente todos opinan de la misma manera, pero acuerdan dejar los desacuerdos a un lado para que el grupo pueda llegar a un acuerdo (consenso). El grupo acepta la decisión aunque no todos los miembros estén de acuerdo con la decisión. Esto sucede porque los miembros creen que el grupo les escuchó y consideró sus necesidades y preocupaciones.

Por medio del consenso cada cual busca una alternativa que responda a todas las preocupaciones e intereses. Los miembros buscan algo mayor, un fundamento superior que sobrepase las ideas preconcebidas de alguien sobre lo que debe ser la decisión. A través del consenso hay una obligación de no obstaculizar al grupo o la decisión, sino ayudar al grupo a conocer los intereses y necesidades de cada miembro. Por lo cual, hay una obligación de continuar el intento de conocer los intereses y necesidades de quienes aún no han expresado su opinión. Le pertenece al grupo tomar la decisión que albergue cooperación. Esto puede que no ocurra en situaciones en las cuales unos ganan y otros pierden.

Como líder, usted tendrá la oportunidad de cambiar el estado de las cosas, y hacer la diferencia en cómo su iglesia lleva a cabo las reuniones y da paso a la creación de una comunidad, la cual albergue la conferencia cristiana, el proceso de discernimiento y el consenso.

Reflexión bíblica

"Después de lavarles los pies, Jesús volvió a ponerse la capa, se sentó otra vez a la mesa y les dijo:—¿Entienden ustedes lo que les he hecho? Ustedes me llaman Maestro y Señor, y tienen razón, porque lo soy. Pues si yo, el Maestro y Señor, les he lavado a ustedes los pies, también ustedes deben lavarse los pies unos a otros. Yo les he dado un ejemplo, para que ustedes hagan lo mismo que yo les he hecho. Les aseguro que ningún servidor es más que su señor, y ningún enviado es más que el que lo envía. Si entienden estas cosas y las ponen en práctica, serán dichosos" (Juan 13.12-17).

1. ¿Quién ha sido un ejemplo o modelo de un o una líder servidor/a para usted?

2. ¿Cómo esta persona muestra el liderazgo servidor?

3. ¿Cómo puede usted servir y liderar al mismo tiempo?

4. ¿Por qué el liderazgo servidor es importante?

Tercera sesión: El cuidado

"Pues tuve hambre, y ustedes me dieron de comer; tuve sed, y me dieron de beber; anduve como forastero, y me dieron alojamiento. Estuve sin ropa, y ustedes me la dieron; estuve enfermo, y me visitaron; estuve en la cárcel, y vinieron a verme. [. . .] El Rey les contestará: 'Les aseguro que todo lo que hicieron por uno de estos hermanos míos más humildes, por mí mismo lo hicieron.'"

Mateo 25.35-36, 40.

Objetivos instruccionales:

Al finalizar esta sesión, el o la participante podrá:

1. Discutir las bases bíblicas para el ministerio de cuidado;
2. Comparar los actos de compasión y los actos de justicia;
3. Discutir los diferentes tipos de ministerios de cuidado;
4. Discutir las maneras para demostrar cuidado por la creación.

El cuidado es una parte esencial de todo ministerio y liderazgo. Jesús dijo que el mayor mandamiento es amar a Dios con todo nuestro corazón, alma, mente, y el segundo más importante amar a nuestro prójimo como a nosotros mismos. En una sociedad que tiende a poner el "yo" primero, esto puede resultar difícil. Sin embargo, resulta más fácil cuando pongo

Las necesidades humanas	
Protección	Seguridad
Toque/afecto	Pertenencia
Propósito	Aflicción/lamento
Aceptación	Sexualidad
Dirección	Autorealización
Sostén	Cuidado
Libertad	Confianza

en práctica los principios del cuidado en todo lo que hago, porque de esa manera estoy más consciente de las maneras en que puedo mostrar cuidado y compasión.

Cada persona necesita satisfacer más allá de las necesidades básicas de la comida y el refugio, tales como: protección, seguridad, afecto, sentido de pertenencia, sentido de un significado o propósito, aflicción, sexualidad, dirección, autorealización, sostén, cuidado, libertad y confianza. En adición, cada persona tiene sentimientos que varían gradualmente: dolor, soledad, tristeza, miedo, vergüenza, culpa, alegría, rabia. El conocer esto nos debe ayudar a relacionarnos con los demás, porque sabemos que todos compartimos estas necesidades básicas, emociones y sentimientos. Al cuidar a los demás, lo hacemos con más naturalidad por unas personas más que otras. Sin embargo, todas las personas podemos trabajar para entender, amar y cuidar a nuestros prójimos. ¿Quién es nuestro prójimo? ¡Cualquier persona!

Responder a las necesidades del mundo

Las personas cristianas en ministerio pueden encontrar un sinfín de maneras para responder al dolor y a las necesidades del mundo. Las mismas van desde servir como una misionera en un país extranjero, hasta el escuchar las preocupaciones de un amigo o compañero de trabajo. Cuando discernimos nuestro llamado y descubrimos nuestros dones espirituales, las formas específicas en las cuales podemos servir a nuestro prójimo se hacen más claras.

Servir en misiones, ya sea a corto o a largo tiempo en su comunidad, a través de toda la nación o más allá de las fronteras, son formas de responder a las necesidades del mundo. Cuando usamos nuestros dones para servir a otros, fuera de nuestra familia o círculo de amistades, aun en nuestra congregación, estamos en misión. Hay muchas oportunidades de servir a través de "Voluntarios en Misión", en nuestras conferencias anuales o distritos, y organizaciones de la comunidad que proveen ayuda a quienes la necesitan.

Obras de misericordia: Tipos de ministerios de cuidado

Los ministerios de cuidado existen en toda clase de programas y oportunidades de servicio. El encontrar nuestro nicho o espacio puede tomar algún tiempo, porque no todos estamos dotados para hacer lo mismo, ni tenemos las mismas pasiones. Sea paciente al buscar dónde Dios está obrando y unírsele como colaborador/a. ¿Tiene usted pasión por la oración, por las personas sin hogar o el ministerio con las prisiones? Investigue sobre los programas existentes en su área, en los cuales usted pueda explorar las maneras de cuidar a los demás.

MINISTERIO DE LA ORACIÓN

La oración es una acción; es hacer algo. Muy a menudo tendemos a pensar que al orar por alguien o por una situación no estamos haciendo algo importante. ¡A veces orar es lo único que podemos hacer, o lo mejor que podemos hacer! Si tenemos el don espiritual de la intercesión, entonces la oración puede ser la manera perfecta en que podemos cuidar a los demás. Aún si no tenemos ese don en particular, podemos tener una pasión y encontrar autorealización en nuestro mandato de amar a las personas por medio de la oración.

MINISTERIO CON LAS PRISIONES

> "Acuérdense de los presos, como si también ustedes estuvieran presos con ellos" (Hebreos 13.3).

Juan Wesley definió la verdadera religión como amar a Dios y al prójimo. Él consideraba la amistad y visita a los pobres como una parte esencial del discipulado. De hecho, para Wesley era igual de importante el visitar a los enfermos y presos, como el orar y compartir la Santa Comunión. Por lo tanto, el ministerio con las prisiones no es una opción para los metodistas unidos si somos seguidores de Jesús. No todo el mundo se siente confortable visitando una prisión, pero una vez más, éste es tiempo para considerar los dones y pasiones. No obstante, debemos ser cautelosos de no descartar la naturaleza mandatoria de este ministerio al tener excusas para evitar hacerlo. Si no estamos participando actualmente en el ministerio, entonces debemos encontrar las maneras de apoyar a quienes sí lo están haciendo. Debemos estar en la posición de emplear a un exconvicto o apoyar a las familias de los presos.

La Conferencia General de 1996 añadió la siguiente declaración sobre los ministerios de justicia restauradora: "En el amor de Cristo, que vino a salvar a los que están perdidos y vulnerables, instamos la creación de un sistema genuinamente nuevo para el cuidado y la restauración de las víctimas, los delincuentes, los oficiales de la justicia penal y la totalidad de la comunidad" ("Principios Sociales", *Disciplina de la Iglesia Metodista Unida–2012*, ¶164, pág. 144).

Existen muchas maneras de poner nuestra fe en acción y la iglesia tiene que entender la necesidad de servir a través de los ministerios con la gente presa, víctimas de los crímenes, sus familias y la comunidad. Debemos cuidar a los demás, de sanar a quienes han sido heridos y trabajar por la transformación de quienes han causado daño.

Kairos es una organización de ministerios que atienden las necesidades espirituales de los hombres y mujeres encarcelados, sus niños, sus familias y quienes trabajan en el ambiente de las prisiones. La misión del Ministerio con las Prisiones *Kairos* es brindar el amor y perdón de Cristo a los presos, sus familias y quienes trabajan con ellos, y ayudarles en su transición al volver a la libre comunidad. Este ministerio en particular surgió del movimiento "Cursillo" y la "Caminata a Emaús", un programa de *El Aposento Alto*. Los programas son dirigidos a hombres y mujeres, con una duración de un fin de semana (tres días) y mejor descritos como un "curso corto en cristiandad". Tanto la Junta General de Ministerios Globales como la Junta General de Iglesia y Sociedad trabajan con los asuntos del ministerio con las prisiones.

MINISTERIO DE ESTEBAN (STEPHEN MINISTRY)

El Ministerio de Esteban es uno que provee un cuidado cristiano de persona a persona a quienes están heridos/as. Las *personas a cargo de dar el servicio* o "care givers" son pareados con las personas *recipientes* del servicio, quienes están de luto, hospitalizadas, con enfermedades terminantes, separadas, divorciadas, desempleadas, reubicadas, y que están enfrentando una crisis o reto en la vida. Este ministerio provee cuidado al escuchar y dar sostén al individuo. La persona quien ofrece el servicio y quien lo recibe se reúnen con regularidad, usualmente una vez a la semana, al comenzar su relación. La persona que cuida o el Ministerio de Esteban asisten a las reuniones de supervisión para obtener sabiduría y dirección en sus funciones. Todas las interacciones y diálogos son confidenciales. Existe un adiestramiento programático específico del Ministerio de Esteban y los recursos están disponibles para incorporarlos en las congregaciones.

Actos de compasión

En la segunda sesión hablamos sobre el Discipulado Responsable o de Pacto y los actos de compasión. Los actos de compasión son las acciones que hacemos para mostrar el amor de Dios al cuidar a la creación y a nuestro prójimo. Los actos de compasión nos requieren que nos movamos más allá de nuestros sentimientos y expresemos el cuidado con acciones. Estas acciones de compasión pueden ser: ayudar al extranjero; el llamado a sembrar un árbol; orar con alguien para hacer reciclaje; proveer a alguien de una ayuda física, y alimentar a los pájaros. Los actos de compasión son más que actos de bondad al azar; son maneras más intencionales en las que demostramos el amor de Dios a los demás. Nos convertimos en Cristo para los demás cuando hacemos las cosas que Él haría. Jesús no sólo habló de sanidad, sino que sanó. No sólo habló de alimentar a la gente, sino que la alimentó.

> *Un hombre iba por el camino de Jersusalén a Jericó, y unos bandidos lo asaltaron y le quitaron hasta la ropa; lo golpearon y se fueron, dejándolo medio muerto [. . .] Pero un hombre de Samaria que viajaba por el mismo camino, al verlo, sintió compasión. Se acercó a él, le curó las heridas con aceite y vino, y le puso vendas. Luego lo subió en su propia cabalgadura, lo llevó a un alojamiento y lo cuidó.* —Lucas 10.30, 33-34

Actos de justicia

Los actos de justicia son otra parte del discipulado balanceado o integral. Participamos en los actos de justicia cuando buscamos remediar la causa de las personas sin hogar, en pobreza, débiles por las enfermedades, el crimen o la guerra. Estas acciones dirigidas a corregir las injusticias van desde orar por la paz a escribir a un congresista sobre una medida importante para mejorar la educación de los pobres; de asegurar la hospitalidad al extranjero hasta proveer fondos para organizaciones que trabajan por la paz y la justicia; de ser inclusivos en comités y grupos de trabajo hasta firmar peticiones y unirse a protestas a favor de los derechos de igualdad. Hay muchas maneras de demostrar nuestro cuidado hacia los demás. Los actos de justicia son diferentes a los actos de compasión, porque son acciones que están dirigidas a enmendar/arreglar/mejorar la causa de una situación. Los actos de compasión sin los actos de justicia son como vendar una herida abierta. Necesitamos eliminar las causas de la enfermedad, pobreza y el hambre.

Los "Principios Sociales" atienden los asuntos por los cuales la Iglesia Metodista Unida tiene preocupación. Tome un tiempo para leer las resoluciones con el fin de entender mejor esos asuntos, y visite la página cibernética de la Junta General de Iglesia y Sociedad (http://umc-gbcs.org/), para hallar maneras de resolver dichos motivos de preocupación.

CUIDADO Y TRATO PARA LOS GRUPOS ÉTNICOS Y RACIALES Y CULTURAS DIFERENTES

Una de las preocupaciones más grandes de nuestra sociedad y e iglesias, es la práctica de la inclusividad. El trabajar para asegurar la justicia e inclusividad, es una manera de demostrar amor y cuidado por nuestro prójimo. Recuerde que nuestro prójimo es cualquier persona, aun los samaritanos. Por alguna razón tenemos problemas con el hecho de aceptar a otras personas que son diferentes a nosotros. A menudo, las clasificamos sospechosas y no confiamos en ellas. Por lo tanto no nos esforzamos en aceptarlas en nuestras iglesias, comunidades, o familias. Pueden que actúen diferente, luzcan diferentes o huelan diferente y somos incapaces de aceptarlas como parte de nuestro grupo. Cuando fallamos en hacer esto, olvidamos que Dios creó la diversidad. Observe las diferentes clases de flores, árboles y animales que existen. Nos maravillamos de ver esa diversidad pero rechazamos a la diversidad humana. Como líderes en la iglesia, es de vital importancia que estemos dispuestos/as a aceptar la diversidad, a tratar a las personas por igual, y a trabajar por la inclusividad.

EL ESCUCHAR

Algunas veces lo mejor que podemos hacer por nuestro prójimo es escucharle. Al igual que la oración, el escuchar nos puede parecer que no estamos *haciendo* nada importante. Sin embargo, tanto la oración como el escuchar son esenciales para todas las formas de proveer cuidado.

El escuchar puede proveer la llave que abra la puerta para la acción que alguien necesita. El contar con un oído que escuche, ¿ha sido de bendición para alguien que está en aflicción? En absoluto. No obstante, el escuchar no es fácil. Queremos dar las respuestas, mejorar las cosas o arreglarlas. Sin embargo, en muchas ocasiones lo mejor que podemos hacer es escuchar y dejar que la otra persona se desahogue. El escuchar es una parte importante de la comunicación.

EL MINISTERIO DE LA PRESENCIA

Hay momentos cuando no hay nada que hacer sino sólo estar *presente* en la vida o situación de alguien. El estar al lado de alguien puede que sea la mejor manifestación de cuidado que podemos hacer. Luego de haber participado en viajes misioneros u otras formas de misión y ministerio, nos podemos preguntar qué hicimos para hacer la diferencia, o qué logramos hacer. Nuestra presencia fue el logro; ya que hace una diferencia para quienes sienten que nadie les quiere o se preocupa por ellos. Nuestra presencia demuestra que nos preocupamos por quienes están en necesidad, porque dejamos a un lado nuestras demandas personales para atender sus necesidades.

Respuestas de amor y cuidado

Según escuchamos y cuidamos a los demás, no debemos juzgarles. Recuerde las palabras de Jesús: "Aquel de ustedes que no tenga pecado, que le tire la primera piedra" (Juan 8.7). Debemos refrenar nuestra tendencia de juzgar a los demás en nuestro intento de cuidarles.

Es importante crear un ambiente seguro y de sostén cuando escuchamos y estamos presentes en la vida de otros/as. No se sentirán cómodos compartiendo sus preocupaciones si no creamos una atmósfera de confianza. Nuestro papel como líderes, es ayudar a quienes nos siguen, entender y practicar este principio. Lo haremos mejor si damos el ejemplo.

El cuidado por la creación

"Cuando Dios el Señor puso al hombre en el jardín de Edén para que lo cultivara y lo cuidara [. . .]" (Génesis 2.15).

Dios creó al ser humano para cuidar la tierra. Éste es el propósito de nuestra existencia: cuidar la creación de Dios: humanos, animales, plantas, la tierra, los mares y la atmósfera. Somos llamados a ser mayordomos de todo lo que Dios nos ha dado.

> "No heredamos la tierra de nuestros ancestros; la tomamos prestada a nuestros hijos."
>
> (Antiguo proberbio indio)

Tenemos que estar consientes del daño que hacemos a la tierra y a sus habitantes. Tenemos que trabajar para corregir nuestras acciones y restaurar la salud de nuestro mundo.

"Del Señor es el mundo entero, con todo lo que en él hay, con todo lo que en él vive" (Salmo 24.1). No podemos dar por sentado a nuestro planeta. La belleza y el balance de nuestro ambiente es nuestra responsabilidad. El cuidar el ambiente y los ecosistemas de nuestro planeta, demuestra una actitud de cuidado hacia los demás y aprecio por los regalos de Dios.

Involúcrese en el cuidado del mundo y anime a otros a hacer lo mismo. Esto es parte de su responsabilidad como líder y persona cristiana.

Destrezas para el ministerio de cuidado

"Tengan unos con otros la manera de pensar propia de quien está unido a Cristo Jesús [. . .]" (Filipenses 2.5).

Para liderar en un ministerio de cuidado tenemos que estar espiritualmente preparados. Pablo nos dice en la Carta a los Romanos: "[. . .] cambien su manera de *pensar* para que así cambie su manera de vivir y lleguen a *conocer* la voluntad de Dios, es decir, lo que es bueno, lo que es grato, lo que es perfecto" (Romanos 12.2, las letras en itálicas fueron añadidas por los autores).

Tenemos que practicar el escuchar a Dios, a los demás y a la creación. Tenemos que estar preparados/as para proveer respuestas verbales apropiadas según escuchamos a los demás, tanto a quienes se oponen a nuestro ministerio de cuidado como a quienes cuidamos. Una manera para lograr esto, es dedicar tiempo a la oración, no sólo para hablarle a Dios, sino para también escucharlo—para estar quietos y saber que Él es Dios.

"[. . .] y si mi pueblo, el pueblo que lleva mi nombre, se humilla, ora, me busca y deja su mala conducta, yo lo escucharé desde el cielo, perdonaré sus pecados y devolveré la prosperidad a su país" (2 Crónicas 7.14).

Reflexión bíblica

"Pues tuve hambre, y ustedes me dieron de comer; tuve sed, y me dieron de beber; anduve como forastero, y me dieron alojamiento. Estuve sin ropa, y ustedes me la dieron; estuve enfermo, y me visitaron; estuve en la cárcel, y vinieron a verme [. . .] El Rey les contestará: 'Les aseguro que todo lo que hicieron por uno de estos hermanos míos más humildes, por mí mismo lo hicieron'" (Mateo 25.35-37, 40).

Lea Mateo 25.31-46.

1. Luego de leer Mateo 25.31-46, describa las maneras en que Dios juzga a las naciones.

2. ¿De qué maneras demuestra usted sus creencias en Jesucristo al cuidar a quien tiene hambre, sed, es extranjero, está desnudo, enfermo o preso?

3. ¿Qué oportunidades ha dejado pasar para demostrar su cuidado por su prójimo?

4. ¿Cuáles son las maneras específicas, las cuales usted puede mejorar al responder a las necesidades de su prójimo a través de sus cuidados?

Cuarta sesión: La comunicación

"Pero, ¿cómo van a invocarlo, si no han creído en él? ¿Y cómo van a creer en él, si no han oído hablar de él? ¿Y cómo van a oír de él, si no hay quien les anuncie el mensaje? ¿Y cómo van a anunciar el mensaje, si no son enviados? Como dice la Escritura: '¡Cuán hermosa es la llegada de los que traen buenas noticias!' . . . Así pues, la fe nace al oír el mensaje, y el mensaje viene de la palabra de Cristo."

Romanos 10.14-15, 17.

Objetivos instruccionales:

Al finalizar esta sesión, el o la participante podrá:

1. Discutir la importancia de las destrezas de comunicación en diferentes ámbitos o escenarios;
2. Mencionar las "Normas para la comunicación respetuosa";
3. Describir el "Proceso de la invitación mutua";
4. Demostrar las destrezas del saber escuchar;
5. Compartir su historia de fe con otro/a participante.

La importancia y el impacto de la comunicación

Escuchamos con frecuencia sobre la comunicación y contamos con una impresionante tecnología disponible que nos ayuda a comunicarnos. Mas sin embargo, ¡aún sufrimos de la falta de comunicación! Sabemos que para transmitir la información, la misma tiene que provenir de una fuente e ir a un receptor. No obstante, existen muchos obstáculos en el medio que bloquean la transmisión. En esta sesión hablaremos un poco sobre las destrezas de comunicación y el porqué son importantes al compartir información y al contar nuestras historias de fe.

Una de las piezas más importantes de la información que tenemos que comunicar como cristianos y cristianas son las buenas nuevas. ¿Cómo nuestro prójimo o personas amadas las escucharán si no se las contamos? Una de nuestras responsabilidades como líderes cristianos es comunicar no tan sólo información relacionada al liderazgo o discipulado, sino también las buenas nuevas de la gracia salvadora de Dios por medio de Jesucristo. Esto no significa estar parados en la esquina de una calle gritando a las personas que se arrepientan y dejen de pecar, ni tampoco citar las Escrituras a las amistades. Significa compartir de su corazón su historia de fe con quienes usted tiene una relación. Quizás un pariente, un vecino, o una compañera de trabajo note que usted tiene mucha fe o tiene la capacidad para manejar el estrés, las dificultades o la ira a través de una gran fortaleza. Ellos le pueden preguntar cómo usted es capaz de lidiar con eso, o por qué usted es diferente. Eso será una invitación abierta para compartir el motivo de la esperanza que mora en usted.

Además, como líderes, tenemos que ser capaces de comunicarnos claramente con quienes guiamos. La comunicación es el medio para plantar ideas, y la gente tiende a escuchar y confiar en los líderes que son buenos comunicadores.

La buena comunicación requiere de dos destrezas: hablar y escuchar. ¡La comunicación involucra lo que queremos decir, lo que decimos, el mensaje que las personas escuchan, las respuestas de quienes escuchan y nuestra reacción a sus respuestas! ¡No es de extrañar el porqué las cosas pueden ser mal interpretadas! Cuando hablamos, damos retroalimentación que incluye: la expresión de nuestros sentimientos, información e ideas compartidas, demostración de comprender a otra(s) persona(s), y el hacer observaciones.

Los escenarios de la comunicación

DE PERSONA A PERSONA

La comunicación de persona a persona, es probablemente uno de los escenarios más importantes de la comunicación, y quizás para el cual nos preparamos menos. En toda comunicación es importante hablar con un propósito en vez de no tener un orden. La queja o las súplicas no imparte respeto o interés en lo que tenemos que decir. Por lo tanto, asegúrese de modular su voz para evitar sonar que se está quejando o suplicando. Si la conversación toma un giro incómodo, es mejor pedir excusas y continuar el diálogo luego de haber tenido la oportunidad de pensar las cosas y poder hablar calmadamente.

EL ESPACIO PERSONAL

No invada el espacio personal de la persona con quien esté hablando. Es muy incómodo tener a una persona hablándole muy pegada a la cara. Mantenga una distancia que no incomode a la otra persona [esto puede variar de cultura a cultura y de persona a persona]. Si en una reunión de persona a persona, está hablando con alguien del sexo opuesto, reúnase en un lugar donde la integridad de esa persona ni la suya pueda ser cuestionada. No invada el espacio personal de la persona con quien esté hablando. Es muy incómodo tener a una persona hablándole muy pegada a la cara. Mantenga una distancia que no incomode a la otra persona [esto puede variar de cultura a cultura y de persona a persona].

MUTUO ENTENDIMIENTO

Entender a los demás y a nosotros mismos promueve el mutuo entendimiento. La "Ventana de Johari"—nominada así por sus inventores José Luft y Harry Ingham en el año 1950—es una herramienta que facilita el autoconocimiento y reflexión de sí mismo/a como la interacción, comunicación y retroalimentación con los demás.

VENTANA DE JOHARI

1 Área pública o abierta	2 Área ciega
3 Área oculta o secreta	4 Área desconocida

La "Ventana de Johari" revela información de una persona (ya sea conocida o no por los integrantes del grupo), sobre sus sentimientos, experiencia, puntos de vista, actitudes, destrezas, intenciones, motivaciones, etc. Cada una de las cuatro áreas divide el conocimiento personal en cuatro tipos: público o abierto, oculto, ciego y desconocido. Las líneas que dividen las ventanas, son como las cortinas de esas ventanas, que pueden moverse según progresa la interacción.

- El área #1 representa lo que es conocido por la persona y los demás del grupo [yo sé; los otros saben].
- El área #2 representa lo que es desconocido por la persona, pero que los demás del grupo conocen, por eso el término del área "ciega" [yo no sé; los otros saben].
- El área #3 representa lo que la persona conoce de sí misma, pero no los demás en el grupo, de ahí el término de área "oculta" [yo sé; los otros no saben].
- El área #4 representa lo que es desconocido por la persona y los demás en el grupo [yo no sé; los otros no saben].

Estas áreas o paneles de ventanas pueden cambiar de tamaño para reflejar la proporción de conocimiento en cada una de ellas. De hecho, en las nuevas relaciones o grupos nuevos, el espacio del "área pública o abierta" es pequeña, ya que no hay mucho que compartir. Sin embargo, a medida que se van conociendo mejor, el espacio aumenta de tamaño.

El enfoque en la buena comunicación es desarrollar o aumentar el área. Esto indica apertura, confianza y comprensión.

Cuando las personas aumentan su área "pública o abierta", el área #2 o ciega (conocida por otros y desconocida por uno/una), puede disminuir cuando hay retroalimentación con los demás y crece el autoconocimiento).

El área #3 u oculta o secreta, puede incluir miedos, sensibilidades, agendas escondidas, intenciones manipuladoras, etc., las cuales uno conoce pero no los demás. Cuando nos abrimos a los demás, esta área se reduce y el área "pública o abierta" crece y la oculta se reduce.

El área #4 contiene información, sentimientos, habilidades latentes, aptitudes, y experiencias que son desconocidas para la persona y los demás. Estas características, rasgos o talentos ocultos pueden ser descubiertos a través del autodescubrimiento y observación de los demás. Por ejemplo, alguien puede que no se dé cuenta de que tiene un don espiritual en particular hasta que otra persona lo descubre o reconoce.

En resumen, a medida que usted hace relaciones mediante las buenas destrezas de comunicación, usted podrá observar los cambios en las áreas de la "Ventana de Johari" junto a las personas con quienes usted se comunica. Es importante estar consciente de que estas áreas están presentes en cada uno de nosotros. El liderato puede ayudar a crear un ambiente que albergue confianza y apertura, ánimo y autodescubrimiento.

Situaciones especiales

PERSONAS QUE NO HABLAN NUESTRO IDIOMA

A continuación se mencionan algunas sugerencias al momento de comunicarnos con personas que no hablan nuestro idioma, o lo hablan pero no es su primer idioma.

- Hable con claridad pronunciando las palabras correctamente sin alzar la voz. (Por lo regular, las personas no tienen problemas auditivos, sino falta de compresión del idioma.)
- No se cubra la boca cuando hable. Puede ayudarles que le vean pronunciando las palabras.
- Evite pronunciar palabras que sólo se hablan en su cultura.

- Use palabras sencillas y evite las frases coloquiales o regionalismos que no entiendan.
- No muestre frustración cuando no le entiendan lo que usted dice. Sonría y pacientemente repita lo que les dijo. Recuerde que puede que no reconozcan sus regionalismos cuando aprendieron a hablar el español.
- Diga sí o no. No exprese: "ajá". Sea cautelosa/o cuando mueva o sacuda la cabeza—en algunas culturas, el mover la cabeza puede significar un sí, y puede que para esa cultura signifique un no.
- Trate de dibujar o escribir la palabra en un papel. Pueden reconocerla de esa manera en vez de la palabra hablada, especialmente si tenemos un acento al hablar.

LA COMUNICACIÓN CON OTROS GRUPOS DE EDAD

Recuerde cuando hable con personas más jóvenes, que usted tuvo la misma edad en alguna vez en su vida. Y recuerde cuando hable con personas mayores que usted, ¡que usted llegará a tener esa edad algún día! Debemos respetar las ideas de los demás sin importar su edades.

- No haga sentir a las personas que son tontas. Evite responder con arrogancia.
- Evite sermonear o regañar.
- No trate de causar o ganar la simpatía al fingir que usted ha atravesado por las mismas experiencias que ellos o ellas han tenido.

PERSONAS CON DISCAPACIDADES MENTALES

El comunicarse con personas que tienen limitaciones en el lenguaje por incapacidad mental es una destreza que podemos desarrollar. Esto es, ya que cada persona debe ser tratada con dignidad, es importante mencionar que ellas tienen necesidades diferentes:

- Mantenga la calma, hable con un tono de voz suave;
- Hable de acuerdo a la edad mental que tenga la persona, no conforme a la edad física o cronológica que ésta tenga;

- No copie la pronunciación de las palabras de la persona;
- Use palabras sencillas y enúncielas correctamente. Mire a los ojos a la persona y hable con ternura. Escúchele pacientemente;
- Sonríale para expresarle su aprecio;
- Tenga cuidado de no emplear un tono sobreprotector en su voz.

En general practique la "Regla de Oro" en la comunicación, y hable a los demás de la manera que a usted le gustaría que le hablaran si estuviera en los zapatos de la otra persona. Demuestre respeto y cuidado en su comunicación con los demás.

Grupos pequeños

Muchos investigadores concuerda que el grupo pequeño no debe estar comprendido por menos de tres miembros, y no más de cinco miembros. Estos grupos pueden ser comités, clases o grupos de trabajo. Un grupo debe tener una meta o propósito en común, y sus miembros deben trabajar juntos para alcanzar esa meta. La meta da unidad al grupo y lo mantiene unido cuando surgen momentos de conflicto y tensión.

Los miembros del grupo deben tener la libertad para comunicarse unos a otras con confianza y apertura. Los grupos desarrollan maneras para dialogar sobre sus trabajo, y desarrollan los papeles o roles que pueden desempeñar dentro del grupo que afectarán su interacción y relación.

CONSIDERACIÓN PARA TODOS/AS

Una de las cosas más importantes para recordar en la comunicación de un grupo pequeño, es que todos los miembros deben tratarse bien. Anime a todos a participar y respetar a los demás. Esto puede significar que en algún momento a ciertos miembros deberán "sacarles las palabras de la boca", y "reprimir" a otros. La consideración significa que el/la líder debe estar preparado/a para la reunión. Esto muestra respeto por el tiempo del grupo.

PREPARACIÓN

El estar preparados para cualquier tipo de reuniones celebradas por el grupo pequeño, es uno de los asuntos más esenciales. Ya esté usted liderando un comité o enseñando una clase, el proceso irá mejor si lo planifica de antemano. Según usted planifica el tiempo con el grupo pequeño, enfóquese en el plan que Dios tiene para este tiempo de compartir juntos y el propósito de la reunión. Esté abierto a la dirección del Espíritu Santo. Planifique para que sea un tiempo de conferencia santa. Establezca los objetivos con el grupo para que todos los miembros conozcan cuáles son las expectativas a cumplir. Prepare la agenda, si es apropiado, y distribúyala, de ser posible, antes de la reunión.

PRACTIQUE LA COMUNICACIÓN RESPETUOSA

Siga las "Normas para la comunicación respetuosa". Estas guías pueden exhibirse en el salón de la reunión y distribuir una copia para cada miembro. El grupo puede hacer un pacto de seguir estas guías cada vez que se reúna.

LA INVITACIÓN MUTUA

Use el "Proceso de la invitación mutua" para proveer una oportunidad para que cada cual hable o se exprese. De esta manera se controlará a las personas que tiendan a dominar las reuniones y se les dará la oportunidad para hablar a quienes estén más callados.

Este es el proceso: El líder puede usar un objeto, por ejemplo, una cruz pequeña, y cuando se le dé a un miembro indicarle que es su momento para hablar.

"Normas para la comunicación respetuosa"

R = Asuma la **responsabilidad** de lo que dice y siente sin culpar a los demás.

E = Escuche con **empatía**. Trate de entender cómo se siente la otra persona.

S = Sea **sensible** a los diferentes estilos de comunicación.

P = **Piense bien** lo que escucha y siente antes de hablar.

E = **Examine** sus propias suposiciones y percepciones.

T = **Tolere** lo que digan los demás.

O = **Oiga** con cuidado y manténgalo confidencial.

(Derechos de autor © Eric Law.)

Ese objeto es un recordatorio para el grupo de que cuando uno de los miembros tenga en la mano ese objeto, sólo él o ella podrá hablar y los demás escucharán.

La persona invitada puede escoger hablar o pasar el objeto a otra persona. Si la persona escoge hablar, luego de hacerlo pasará el objeto a otra persona. Si la personas escoge no hablar, entonces pasará el objeto a la persona que esté a su lado como una señal de invitación a hablar.

Otra manera de hacer esto, es poniendo el objeto en un lugar escogido como centro, y todo aquel que desee hablar sólo tendrá que tomarlo del lugar, hablar y ponerlo de nuevo en ese lugar para que lo tome otra persona en el grupo. Estos métodos pueden que no nos funcionen cuando intentamos darle una oportunidad para hablar a alguien que no habla mucho.

EL ESCUCHAR

No muchas personas dominan la destreza de escuchar. Sin embargo, la misma es una destreza que podemos mejorar. Controlar nuestra lengua puede ser un reto en nuestros mejores días. No obstante, escuchar en verdad significa hacer eso. El escuchar es poner aparte nuestras agendas y concentrarnos completamente en lo que la persona nos está diciendo. Escuchar y el ser escuchado son formas de reconocernos unos a otras, y compartir una humanidad en común. A través del escuchar experimentamos comunión. La comunidad no puede existir donde la gente es incapaz o no está dispuesta a escucharse unos a otras.

El escuchar bien es una parte *activa* de la comunicación, y es una de las más importantes destrezas que podemos tener. También tiene un impacto mayor en nuestras relaciones y la efectividad en la comunicación. Escuchamos con el propósito de obtener información, comprender, disfrutar y aprender. Se ha dicho que recordamos entre un veinticinco y cincuenta por ciento de lo que escuchamos. Podemos pensar que el escuchar no es una actividad, pero requiere quizás más atención y acción que el hablar. Para poder escuchar bien, usted necesitará mejorar su habilidad como comunicadora/o para influenciar a la gente, y disminuir la cantidad de conflictos y malas interpretaciones en sus relaciones.

El escuchar activamente requiere un esfuerzo consciente para oír las palabras que dicen las otras personas y, aún más importante, entender el mensaje que tratan de transmitir. A continuación se mencionan puntos claves para la escuchar de forma activa.

Preste atención:

- Mire a quien está hablando y mantenga contacto visual;
- No dé cabida a pensamientos que le distraigan. No piense en las respuestas que va a dar mientras la persona está hablando;
- Evite distraerse con el ambiente que le rodea;
- "Observe" el lenguaje corporal de la persona que habla.

Demuestre que usted está escuchando al:

- Asentir ocasionalmente con la cabeza;
- Sonreír o usar otra expresión facial;
- Estar consciente de su languaje corporal. El mismo debe transmitir apertura;
- No interrumpir, sino animar a quien habla con breves comentarios verbales, tales como un "sí" o "uh-hum", etc.

Dé retroalimentación al:

- Parafrasear lo que escuchó. "Lo que estoy escuchando es . . . Me parece que lo que estás diciendo es . . .";
- Hacer preguntas para clarificar puntos;
- Resumir, de vez en cuando, los comentarios de quien está hablando.

Difiera de opinión:

- Sea paciente cuando no entienda lo que se está hablando;
- Permita que la persona termine de hablar;
- No interrumpa con argumentos.

Responda en forma apropiada:

- Honre los sentimientos de quien habla;
- Si used se sorprende de estar respondiendo emocionalmente, pregunte por más información. "Creo que no estoy entendiendo bien y estoy tomando personal lo que estás diciendo. Pienso que lo que dijiste fue . . . , ¿es eso lo que quisiste decir?
- Sea imparcial, abierto y sincero en sus respuestas;

- Dé sus opiniones en forma respetuosa;
- Trate a las personas de la misma manera que a usted le gustaría que le traten.

> "El aplaudir es la única interrupción apropiada."
> (Arnold Glasgow)

Asambleas grandes

Mantener la comunicación simple resulta ser muy efectivo. Sólo un veinte por ciento de lo que escuchamos es asimilado. Por lo tanto, el liderato debe dar información en pequeñas secciones, paso a paso, y en un orden lógico. Use la creatividad cuando se comunique. Utilice diferentes maneras para expresar la información. Recuerde a la audiencia lo que usted ha dicho sin parecer la información muy repetitiva. Existe un axioma o principio fundamental que dice:

1. Dígales lo que tenga que decirles;
2. Dígales lo que quiere que ellos/ellas sepan (su mensaje);
3. Dígales lo que ya les dijo.

Está bien que solicite retroalimentación sobre qué entendieron de lo que usted les dijo. Así se podrá clarificar cualquier malentendido que pueda causar problemas.

> Cuando hable, párese de frente a la audiencia para que ésta le pueda ver.
> Hable lo suficientemente alto para que le puedan escuchar.
> Y siéntese rápido para que les caiga bien.

EL DISCURSO: EL USO DE LAS MULETILLAS Y LA PRONUNCIACIÓN

Es bueno practicar lo que piensa decir para que su comunicación sea clara. Escúchese hablar. Escuche si está usando muletillas en su comunicación, tales como: "Usted sabe", "Esto." etc.

Otra manera de prepararse es estar pendiente de la pronunciación de palabras difíciles de pronunciar o desconocidas. Esto le será de mucha ayuda cuando lea pasajes bíblicos, en los que a veces contienen palabras desconocidas. Busque esas palabras en un diccionario o a través de la Internet para saber cómo se pronuncian, y luego practíquelas.

LOS GESTOS Y EL LENGUAJE

El lenguaje corporal es la comunicación no verbal. La misma incluye expresiones faciales, gestos, contacto visual y la postura. El observar el lenguaje corporal de nuestra audiencia nos puede decir si está interesada en lo que decimos, o está aburrida, confundida o en desacuerdo. Si usted está hablando ante un grupo, asegúrese de pararse en forma erguida. No se recueste sobre ningún objeto. Si no puede permanecer parado/a por períodos largos, pida permiso para sentarse. Evite el usar gestos que puedan distraer a la audiencia. Pida a alguien que observe sus gestos o grabe el ensayo de su presentación. Sea intencional al hacer un esfuerzo de tener sus manos quietas, a menos que tenga que resaltar algún punto o comentario.

EL CONTACTO VISUAL

Es importante en una conversación hacer contacto visual. Evite mirar fijamente a alguien, pero asegúrese de mirar a su audiencia con frecuencia. Si está hablando a un grupo grande, mire a la multitud pero en forma directa a algunas personas en diferentes partes de la audiencia. Cuando dé una conferencia o discurso, prepárese lo suficiente para que no tenga que estar mirando continuamente sus notas. Cuando se dirija a un grupo pequeño o a una sola persona, asegúrese de mantener contacto visual con el grupo o la persona a la que le está hablando.

EL HUMOR

Un poco de humor es bueno, pero no lo es cuando es demasiado. Asegúrese que el mismo es apropiado al contexto y a la cultura a la cual le está hablando. No asuma que todo el mundo comparte sus opiniones sobre ciertos temas. Durante una conferencia, el anfitrión principal hizo una broma sobre el desempeño de uno de los grupos. Mientras él pensó que había sido chistoso, muchas personas se sintieron ofendidas. Aunque él se disculpó por su falta de sensibilidad, esto no impidió la mala impresión que causó en muchos de los participantes. No use el humor al hablar sobre asuntos de la política, ya que no todas las personas tienen los mismos puntos de vista, aunque puedan coincidir con su forma de pensar en otros asuntos.

CONSIDERACIONES CULTURALES Y CONTEXTOS

Conozca su audiencia. La buena comunicación ocurre cuando hay una relación o al menos entendimiento de la cultura o actitudes de la audiencia. Esto se conoce como el contexto, el ambiente circundante o la cultura de un grupo o individuo.

En algunas culturas hacer contacto visual no es apropiado y puede considerarse ofensivo. Además, el pararse muy cerca de alguien mientras le habla, puede ser inapropiado u ofensivo. Sea sensible a las diferencias que existan en cuanto a los criterios aceptables de un discurso o conferencia y al lenguaje corporal.

OTRAS MANERAS EN LAS QUE NOS COMUNICAMOS

Nos comunicamos de muchas maneras que son menos formales a las que hemos mencionado hasta ahora. La comunicación puede ser tan simple como una sonrisa, un gesto de aprobación o motivación. Comunicamos nuestra fe en la manera que tratamos a los demás o cómo vivimos nuestra vida. San Francisco de Asís decía: "Predica el evangelio todo el tiempo. Y de ser necesario usa las palabras".

El ministerio en la vida diaria

No es solamente asistiendo a la iglesia los domingos que mostramos a las personas que somos cristianos. Las maneras en que exhibimos nuestras creencias, caminamos y hablamos a los demás durante seis días de la semana también son testimonios de nuestra fe. A menudo, hay una desconexión entre lo que hacemos el domingo y lo que hacemos de lunes a sábado. Hay muchas cosas que podemos hacer en nuestro quehacer diario que darán testimonio de nuestra fe a quienes nos rodean sin importar las tareas diarias que estemos haciendo.

Si cargamos con nuestras biblias todo el tiempo, pero tratamos rudamente a los demás, ¿cuál es el mensaje que estamos enviando? Si tenemos etiquetas con mensajes religiosos pegadas en los parachoques de nuestros automóviles, pero nos atravesamos al frente de otros carros en forma ruda, ¿qué estamos diciendo sobre nosotros? Debemos ser intencionales en cuanto a cómo vivimos nuestra fe cada día.

MANERAS DE HACER LA DIFERENCIA

Hay maneras en que como cristianos y cristianas podemos hacer la diferencia en nuestros lugares de trabajo y el mundo. Podemos involucrarnos en:

Un ministerio de competencias: Damos testimonio de nuestra fe al hacer bien nuestros trabajos, tales como: un trabajo de la casa, manejando un taxi, como maestra o un profesional de la salud. Cuando hacemos nuestros trabajos a nuestra mayor capacidad, estamos mostrando a otros que creemos que recibimos un llamado a trabajar como si lo hicieramos para el Señor. Martin Luther King, Jr. dijo: "Si eres un barrendero de las calles, sé el mejor barrendero de las calles que puedas ser!"

Un ministerio de cuidado: Sea sensible y responda a las necesidades y dolencias de la gente que le rodea. No tenemos que citar las Escrituras o arrojar metáforas espirituales. Sin embargo, necesitamos cuidar a las personas con quienes interactuamos. Quizás podemos escuchar a un compañero de trabajo que está pasando por un mal momento, o decirle al supervisor que estaremos orando por la organización, o que estamos orando por alguien que está receptivo a eso.

Un ministerio de ética: Brinde los principios de Dios al escenario de trabajo. Desarrolle una política de integridad y honestidad en todo lo que usted haga.

Un ministerio de cambio: Ayude a desarrollar sistemas que ayuden a las personas a dar lo mejor de ellas. Trabaje por la paz, la reconciliación y la justicia. Muestre gracia, perdón y misericordia con quienes usted interactúa.

Ya sea que usted trabaje en la casa o esté disfrutando su jubilación o trabaje en una fábrica podemos hacer todas estas cosa para hacer la diferencia en donde estemos.

AL COMPARTIR NUESTRAS HISTORIAS DE FE

Cuando la gente alrededor nuestro nota que somos diferentes (y ojalá que lo noten), ella podrá preguntarse el porqué de ello. ¿Qué es lo que nos hace responder con gracia a los clientes enojados? ¿Cómo podemos mantenernos en calma en medio del ajetreo?

Esta es una oportunidad para demostrar nuestra gracia y calma o los frutos del Espíritu; de compartir nuestra historia de fe con alguien y dar testimonio del poder de Dios trabajando en nuestras vidas. Para tener esa oportunidad, debemos verdaderamente actuar diferente. Debemos estar dispuestos a estar en relación con los demás y estar listos para contar la diferencia que hace en nuestra vidas creer en Jesucristo.

No tenemos que ser predicadores o expertos bíblicos para contar a otros cómo nuestra fe ha cambiado nuestras vidas, y cómo el creer en Dios nos ayuda a lidiar con los momentos difíciles. Todo lo que tenemos que hacer es contar nuestra historia; la historia de nuestras vidas vividas en la luz de Cristo. Recuerde que Dios es quien da la fe. Somos los canales, testigos, y el ejemplo. Somos llamados a contarle a otros nuestras historias de fe. Lo que ellos hagan con eso es asunto entre ellos y Dios.

Dedique tiempo para pensar sobre su jornada de fe, y cómo usted la contaría a alguien que se lo pidiera. Piense sobre cómo usted puede compartir a Jesús con alguien.

Reflexión bíblica

"Pero, ¿cómo van a invocarlo, si no han creído en él? ¿Y cómo van a creer en él, si no han oído hablar de él? ¿Y cómo van a oír de él, si no hay quien les anuncie el mensaje? ¿Y cómo anunciar el mensaje, si no son enviados? Como dice la Escritura: '¡Cuán hermosa es la llegada de los que traen buenas noticias!' . . . Así pues, la fe nace al oír el mensaje, y el mensaje viene de la palabra de Cristo" (Romanos 10.14-15, 17).

Piense sobre las personas que usted conoce: amigos, familia o vecinos, quienes necesitan escuchar las buenas nuevas.

1. ¿Cómo escucharán buenas nuevas de salvación?

2. ¿Quién se las contará?

3. Si usted se las contara, ¿qué les diría? O, ¿qué haría?

4. ¿Cuáles son algunas de las maneras que usted puede usar para compartir su fe sin tener que predicarles o citar las Escrituras?

Quinta sesión: En el mundo

"Así pues, los once discípulos se fueron a Galilea, al cerro que Jesús les había indicado. Y cuando vieron a Jesús, lo adoraron, aunque algunos dudaban. Jesús se acercó a ellos y les dijo: 'Dios me ha dado toda autoridad en el cielo y en la tierra. Vayan, pues, a las gentes de todas las naciones, y háganlas mis discípulos; bautícenlas en el nombre del Padre, del Hijo y del Espíritu Santo, y enséñenles a obedecer todo lo que les he mandado a ustedes todos los días, hasta el fin del mundo.'"

Mateo 28. 16-20.

Objetivos instruccionales:

Al completar esta sesión, el participante podrá:

1. Describir su papel o rol en el cumplimiento de la "Gran Comisión";
2. Discutir la importancia del estudio continuo, y el crecimiento espiritual en la vida del liderato cristiano;
3. Descubrir la importancia del papel o rol de la hospitalidad en la iglesia;
4. Describir brevemente el "Enfoque Apreciativo" y el "Desarrollo Comunitario Basado en los Recursos", y discutir las formas en que estos instrumentos pueden ser usados para esparcir el evangelio.

La "Gran Comisión"

El pasaje bíblico que se menciona arriba puede que esté al final del evangelio, pero es el comienzo de la fe cristiana en acción. Jesús dio esta encomienda personal a once discípulos, sin embargo, la misma continúa siendo un mandato para todos los cristianos y cristianas a través de los tiempos. El mismo aún nos continúa comprometiendo así como lo hizo desde el momento que fue dado por Jesús. Jesús nos continúa llamando a ser sus seguidores/as, a actuar en fe y esparcir las buenas nuevas de salvación cerca y lejos. Las personas cristianas son instruidas a enseñar a otras sobre Jesús, y somos confortados en el conocimiento de que Jesús nos estará ayudando por el poder del Espíritu Santo.

Cuando obedecemos la comisión de alcanzar a otras personas, nuestras vidas espirituales cambian. Crecemos más fuertes en nuestra fe cuando la compartimos, ya sea con nuestros vecinos o extraños a mitad del camino alrededor de mundo. Ya que esta comisión aún nos compromete, cada cristiano y cristiana tiene que estar activamente involucrado en algún punto. ¡Ya no hay excusas! ¿Cuál excusa será válida cuando tenemos la promesa de la ayuda del Espíritu Santo? Como oradores laicos y líderes estamos llamados a ayudar a los demás a reconocer y responder a esta comisión. Al usar nuestros dones espirituales en las áreas que son la pasión de nuestras vidas, somos llamados a esparcir el evangelio por el mundo.

TIPOS DE MINISTERIO

Ya que no todos tenemos los mismos dones ni las mismas pasiones, hay numerosas maneras en las cuales podemos seguir esta comisión y hacer la diferencia en este mundo por Jesucristo. No todos fuimos llamados a predicar, enseñar o dirigir reuniones. Sin embargo, todos hemos sido llamados a servir. Hay una gran variedad de cursos sobre el aprendizaje y liderato que le pueden ayudar a descubrir sus dones y prepararle para el servicio y dirigir a los demás.

Las oportunidades para la misión y el ministerio son también muy numerosas para citarlas en esta sesión. Primero descubra sus dones e identifique su pasión, luego capacítese para servir. Para más información sobre áreas de ministerio, contacte las oficinas de su conferencia anual.

La educación continua y la renovación espiritual

Existen muchas oportunidades para ayudarle a crecer en su fe y desarrollar sus habilidades como líder. Este curso es el comienzo; es una introducción a un proceso de aprendizaje de por vida. Debemos siempre buscar aprender y crecer en nuestra fe y encontrar nuevas maneras de servir. Si pensamos que lo sabemos todo, ¡nos encontramos en un grave peligro!

A través de la participación en este curso, usted ha tomado los pasos para mejorar su liderato, su misión o su ministerio. Los cursos avanzados disponibles a través de su conferencia anual (recursos disponibles a través de Discipleship Resources) le proveen una manera para mejorar continuamente su servicio. Al menos un curso nuevo (y a veces dos) es publicado cada año. Los cursos que llevan un tiempo son revisados según sea necesario, para mantenerlos actualizados y pertinentes.

Existen otras maneras en la cuales usted puede continuar su aprendizaje y crecimiento espiritual: *Estudio Bíblico Discipulado*, La Caminata a Emaús, la Academia de Formación Espiritual, Grupos de Pacto de Discípulos Responsables, y Ministerios de Esteban son estudios o experiencias que le ayudarán según usted se dirige hacia la perfección cristiana. Hay otras formas en las cuales usted puede continuar su crecimiento espiritual y conocimiento. Aproveche los cursos disponibles a través de su distrito y conferencia anual. Comparta estas oportunidades con otras personas en su congregación o círculo de amistades. Recuerde que parte de su responsabilidad no es sólo velar por su crecimiento personal, sino también por el crecimiento de los demás.

Un día a solas con Dios

Una parte importante de la renovación espiritual involucra tomar tiempo a solas con Dios para leer, orar y meditar. Aparte un período de tiempo, donde no haya distracciones y enfóquese en su relación con Dios. No tiene que tener un costo monetario; sólo su tiempo. No obstante, obtendrá un beneficio en cuanto a su bienestar espiritual. Es sumamente importante para usted como líder tomar tiempo para enfocar sus pensamientos y escuchar la voz de Dios. "¡Ríndanse! ¡Reconzcan que yo soy Dios!" (Salmo 46.10).

El alcance continuo

No pare de trabajar en su misión y ministerio a nivel de su iglesia local. Busque maneras para ir más allá de los muros y ventanas de su iglesia para alcanzar a la comunidad y el mundo. Busque maneras de que usted y su congregación puedan hacer una diferencia en las vidas de las personas en la comunidad y quienes no son miembros de su iglesia.

Si no encuentra en su iglesia un espacio para usar sus dones, busque otras avenidas para hacerlo. ¡No permita que la resistencia del liderato de su iglesia le frene de seguir la "Gran Comisión"! Invierta tiempo en discernir la voluntad de Dios y las necesidades observadas por usted. Henry Blackaby en su libro *Experiencing God*, dice que debemos observar dónde Dios está obrando y unirnos a Dios en esa obra.

LA HOSPITALIDAD

> "No se olviden de ser amables con los que lleguen a su casa, pues de esa manera, sin saberlo, algunos hospedaron ángeles" (Hebreos 13.2).

Debemos estar dispuestos a ser hospitalarios con las personas extrañas, no solo en nuestras comunidades, sino en nuestras iglesias. ¿Cómo sabrán que estamos disponibles para servirles si no les invitamos, si no hacemos presencia en nuestra comunidad?

A menudo las congregaciones piensan que son amigables, ¡y en efecto lo son unos con otras! Sin embargo, espere a que llegue una persona que no pertenece a la iglesia, y puede que ni tan siquiera le hablen para darle la bienvenida.

"Corazones, mentes y puertas abiertas" (Rethink Church) es una campaña de publicidad de Comunicaciones Metodistas Unidas conocida como "Igniting Ministries". La misma fue creada para invitar a las personas heridas y alcanzar a las personas del mundo por las iglesias metodistas unidas. En nuestras iglesias la gente encontrará "corazones abiertos" evidenciados por nuestra teología y servicio al mundo; "mentes abiertas evidenciadas en nuestro enfoque en el servicio, y "puertas abiertas" que admiten a una variedad de entendimientos dentro de una misma fe. Esta campaña tendrá un efecto insignificante si nuestras congregaciones no están preparadas a recibir a quienes respondan a nuestros esfuerzos de alcanzarles. Las congregaciones pueden que no desarrollen de forma inmediata estos corazones, mentes y puertas. No obstante, ellas pueden trabajar encuanto a " actuar como si" ellas abrazaran estas ya características. Así como Juan Wesley aprendió a "predicar la fe hasta tenerla", nuestras iglesias pueden comenzar a actuar así como si verdaderamente tuvieran sus corazones, mentes y puertas abiertas hasta que las tengan.

Algunas veces nuestras iglesias no están tan siquiera listadas en la guía telefónica. Imagine ver un anuncio publicitario nacional de la Iglesia Metodista Unida y luego tratar de localizar una iglesia cerca de donde se vive. Puede ser bien difícil. Si realmente queremos que venga la gente a nuestra iglesia, ¿por qué le hacemos difícil encontrarnos y no le damos la bienvenida cuando llegan? Como orador/a laico/a usted puede hacer una diferencia a través de este esfuerzo en su iglesia, distrito o conferencia anual al hablar y trabajar para mejorar la hospitalidad hacia las personas extrañas. Usted puede promover los adiestramientos sobre hospitalidad auspiciados por Comunicaciones Metodistas Unidas (Igniting Ministries-Rethink Churh) los cuales ayudan a las iglesias a estar conscientes de la necesidad de convertirse en congregaciones más hospitalarias. Para más información sobre "Corazones, mentes y puertas abiertas" y adiestramientos sobre hospitalidad visite *www.ignitingministries.org*.

Las hospitalidad va más allá de invitar y recibir. También incluye ayudar al extranjero o personas nuevas buscando su camino en la comunidad. Puede que usted tenga los dones y la pasión para implantar el programa "Justicia para nuestros vecinos" (Junta General de Ministerios Globales) o encontrar maneras en la que su congregación pueda proveer recursos para los pobres y nuevos ciudadanos en las áreas cercanas de la iglesia.

Si somos el cuerpo de Cristo, ¿por qué no alcanzamos a los marginados y perdidos? ¿Por qué estamos enfocamos en los miembros de nuestra iglesia y en las facilidades de la iglesia? Observe a su alrededor: ¿Dónde está Dios obrando? ¿Cómo pueden usted y su congregación ser la presencia de Cristo en ese lugar? ¿Cómo puede usted o su congregación verdaderamente mostrar que tienen las puertas, corazones y mentes abiertas?

El "Enfoque apreciativo"[6]

El "Enfoque Apreciativo" es una herramienta que podemos usar para ayudarnos a mejorar nuestro servicio a los demás. Los principios básicos del "Enfoque

---

6. Para más información visite el siguiente enlace: http://appreciativeinquiry.case.edu/research/multilingual.cfm?language=21.

apreciativo" se enfocan en lo que está funcionando o trabajando bien en vez de lo que no funciona o trabaja. Nuestros procesos de planificación y evaluación ministerial a menudo involucran:

- Una descripción de la situación a ser mejorada;
- Un diagnóstico —"qué está mal" en el sistema, qué no está trabajando y por qué;
- Una prescripción para "arreglar lo que está mal" como una "solución" que provee la forma de seguir avanzando el ministerio.

Detrás de un cambio de administración o presunciones para resolver un problema sobre la manera de seguir hacia delante (ir de la realidad actual hacia la visión compartida), hay a menudo presunciones adicionales en las cuales enfocarse:

- Qué nos falta o *no* tenemos;
- Nuestra falta de recursos;
- Nuestra falla en alcanzar los resultados;
- Nuestra "necesidad".

En realidad, algo trabaja en cada sociedad, organización o grupo. Nos enfocamos, con frecuencia, en lo que se convierte nuestra realidad. ¿En qué nos enfocamos? ¿En nuestros problemas o fallas? ¿O en nuestros éxitos o recursos?

El usar el "Enfoque apreciativo" cambia la forma en que vemos los hechos. El tipo de pregunta que hacemos influencia al grupo al cual preguntamos. A veces decimos: ¿Qué hemos estado haciendo mal? ¡No hemos tenido ni un solo miembro nuevo en este año!" O decimos: "Hemos tenido veinte visitantes este año. ¿Cómo podemos hacerles sentir bienvenidos?" El hecho de preguntar en forma positiva influencia al grupo.

Otro principio es que la gente tiene más confianza en la jornada hacia el futuro cuando llevan cosas del pasado. Si observamos lo que hemos hecho bien y nos enfocamos en cómo podemos hacerlo mejor, los resultados son una actitud positiva de motivación en vez de frustración.

Solución tradicional de problemas

    1. Identificación de la necesidad o el problema

    2. Analisis de las causas

    3. Analisis de posibles soluciones

    4. Plan de acción (el tratamiento)

Presunción básica: Una organización es un problema a resolver.

El "Enfoque apreciativo"

    1. Apreciar y valorar lo mejor de las posibilidades: "¿Qué tal y si . . . ?"

    2. Imaginar: "Lo que puede ser"

    3. Dialogar sobre: "Qué debería ser"

    4. Innovar: "Lo qué sera"

Presunción básica: Una organización es un misterio a ser abrazado.

La elección de un tema

Existe un proceso de un ciclo que toma el tema que está en discusión, desde que se le *identifica hasta la creación* de las circunstancias que dará paso a la realidad deseada. Podemos usar este ciclo para analizar el tema "Tenemos visitantes y queremos ser más hospitalarios" y llevarlo del "Enfoque apreciativo" hasta ser una realidad. Empezamos con el "Descubrir"—el aprecio o valoración de lo que es (la realidad actual: "Tenemos visitantes"), y entonces movernos a la etapa de "Soñar"—imaginar lo que puede llegar a ser (una visión: "¿Regresan los visitantes y se convierten en miembros de nuestra congregación? Luego queremos movernos de la visión hacia la realidad a través de un diseño (lo que debe suceder, "el cómo llegamos hasta allá"; y las metas: "adquirir las maneras para ser más hospitalarios": ¿Necesitamos capacitación?"; y entonces lograr el "Cumplimiento de la visión" (la visión hecha realidad: "La congregación es una más hospitalaria y los visitantes regresan para convertirse en miembros). Mientras usted logra el cumplimiento de la nueva realidad, los procesos continúan en conjunto con una evaluación constante en la medida que usted aprecia o valora lo que está sucediendo, y en lo que esa situación o el tema elegido puede llegar a ser, y así sucesivamente. [7]

El "Desarrollo comunitario basado en los recursos"

El "Desarrollo comunitario basado en los recursos" (ABCD, por sus siglas en ingles "Asset Based Community Development"), es otra herramienta fundamentada en los aspectos positivos de la realidad actual. En vez de enfocarse en las deficiencias de la comunidad, la misma se concentra en los recursos o atributos y recursos positivos disponibles. Esta herramienta busca los aspectos positivos en vez de los negativos. El ABCD nos ayuda a buscar maneras de trabajar en compañerismo con otras personas a la hora de planificar nuestra misión y ministerio.[8] Imagine conectar con una comunidad la cual necesita incorporar otros recursos. Muchos de los programas tratan de identificar las necesidades, diseñar servicios, servir a la clientela y dar respuestas. El ABCD se enfoca en la gente. Hace preguntas, identifica sus talentos y motivaciones, pone los recursos en acción y crea ciudadanos en vez de consumidores (de Green y Moore, *ABCD Training Group*).
Principios del ABCD:

- Preguntar y aprender de los talentos;
- Descubrir las motivaciones para actuar;
- Poner en acción aquello que está disponible o compartido en compañerismo;
- ¡Continuar haciendo preguntas, descubriendo el posible liderato y haciendo relaciones!

---

7. Para más información sobre el Enfoque Apreciativo y el Ciclo del tópico afirmativo, lea el artículo "El enfoque afirmativo: La moneda dice por ambos lados 'Gana-Gana'", por Juan Ricardo Orduz G.: http://www.amauta-international.com/AppreInq.htm.

8. Para más información sobre ABCD, lea el artículo "Creando comunidades desde adentro hacia fuera: Un camino para descubrir y movilizar los recursos de la comunidad", por John Kretzman y John L. McKnight: http://www.oac.state.oh.us/grantsprogs/BuildingCommunitiesSpanish/SpanishBuildingCommunities.doc.

ABCD asume que:

- Cada persona tiene dones;
- La clave es una relación de persona a persona;
- El liderato verdadero tiene seguidores;
- Las instituciones dirigen mejor cuando sirven a los ciudadanos;
- Cada persona realmente SE preocupa o interesa;
- La gente, asociaciones e instituciones actúan en lo que les interesa.

Tanto el "Enfoque apreciativo" como el "desarrollo comunitario basado en los recursos" (ABCD, por sus siglas en inglés) comienzan por una evaluación de:

- Lo que ha funcionado bien en el pasado (las mejores experiencias);
- Lo que está funcionado en la actualidad;
- Cuáles son las posibilidades;
- Los talentos (recursos y relaciones) que tenemos ahora o podemos conseguir para ayudarnos a vivir en una forma más optima para seguir adelante.

¿Puede usted ver este estilo de trabajo en su iglesia y comunidad? ¿Puede usted imaginar cómo serán la misión y el ministerio si usamos todos los recursos que Dios nos ha dado en vez de preocuparnos por lo que pensamos no tenemos? Como líder de su iglesia y comunidad, recuerde enfocarse en lo que funciona o trabaja bien, los recursos disponibles y cómo usted puede utilizarlos para servir al mundo en maneras nuevas y efectivas.

Conclusión

Probablemente este curso le haya dado mucho para pensar. Esperamos que también le haya dado herramientas e información que le capaciten para un ministerio vital. Damos gracias a Dios por su fe y disponibilidad de servir en el nombre de Jesucristo.

"Y ahora, gloria sea a Dios, que puede hacer muchísimo más de lo que nosotros pedimos o pensamos, gracias a su poder que actúa en nosotros. ¡Gloria sea a Dios en la iglesia y en Cristo Jesús, por todos los siglos y para siempre! Amén" (Efesios 3.20-21).

Y ahora, ¡VAYA y haga discípulos y discípulas de Jesucristo!

Reflexión bíblica

"Así pues los once discípulos se fueron a Galilea, al cerro que Jesús les había indicado. Y cuando vieron a Jesús, lo adoraron, aunque algunos dudaban. Jesús se acercó a ellos y les dijo: 'Dios me ha dado toda autoridad en el cielo y en la tierra. Vayan, pues, a las gentes de todas las naciones, y háganlas mis discípulos; bautícenlas en el nombre del Padre, del Hijo y del Espíritu Santo, y enséñenles a obedecer todos lo que les he mandado a ustedes. Por mi parte, yo estaré con ustedes todos los días, hasta el fin del mundo'" (Mateo 28.16-20).

Jesús dio esta instrucción a sus discípulos. No fue algo que fuera opcional, sino un mandato.

1. ¿Cómo usted ve su rol de hacer discípulos y discípulas de Jesucristo?

2. ¿De qué maneras puede usted usar sus dones para cumplir con esta "Gran Comisión"?

3. ¿Qué preparación necesita usted para cumplir con este mandato?

Breve historia de los Ministerios de servicio laico

Los *Ministerios de servicio laico:* liderazgo, cuidado, comunicación; ministerios integrales fundados en el amor y el servicio . . .

> *Era antes de la fiesta de la Pascua, y Jesús sabía que había llegado la hora de que él dejara este mundo para ir a reunirse con el Padre. Él siempre había amado a los suyos que estaban en el mundo, y así los amó hasta el fin. [ ] Después de lavarles los pies, Jesús volvió a ponerse la capa, se sentó otra vez a la mesa y les dijo: —¿Entienden ustedes lo que les he hecho? Ustedes me llaman Maestro y Señor, y tienen razón, porque lo soy. Pues si yo, el Maestro y Señor, les he lavado a ustedes los pies, también ustedes deben lavarse los pies unos a otros. Yo les he dado un ejemplo, para que ustedes hagan lo mismo que yo les he hecho. Les aseguro que ningún servidor es más que su señor, y que ningún enviado es más que el que lo envía. Si entienden estas cosas y las ponen en práctica, serán dichosos.*

Así comienza la historia de los *Ministerios de servicio laico*. Comenzó como un acto de amor; como un ejemplo; un reto; que permanece con nosotros hoy. Marcos 10.45 nos recuerda: "Porque ni aun el Hijo del hombre vino para que le sirvan, sino para servir y dar su vida en rescate por una multitud." Puede que no seamos capaces de rescatar a muchas personas, pero sí tener la oportunidad de servir a mucha gente. Jesús nos ayuda al nombrar en las Escrituras quiénes son las personas perdidas, los pequeñitos, los marginalizados y los tramatizados de la sociedad. Él mismo sirvió a muchos en las ladeas, en las calles polvorientas de la ciudad, en los caminos atestados con multitudes y en los lugares aislados por la sociedad. Él nos reta a hacer lo mismo al convertirnos en historias vivientes.

Nuestra historia wesleyana comienza con los hermanos Juan y Carlos Wesley en el siglo dieciocho en Inglaterra, bajo la dirección de su madre, Susana. Las sociedades, bandas y clases wesleyanas, las cuales se desarrolloraron por las enseñanzas y vigilancia de Juan y Carlos, quienes lideraban un ministerio de servicio como un estilo de vida que respondía a las injusticias sociales que ocurrían en la vida diaria de aquel entonces, y pertinente hoy. Los medios de gracia de Juan Wesley—actos de piedad y misericordia—eran una gran parte de la experiencia y práctica metodistas de los sacramentos del bautismo y la Santa Comunión.

Juan Wesley documento en sus Diarios sus muchos viajes a las prisiones, casas de la gente pobre, hospitales y calles de Londres. Su ejemplo y enseñanzas inspiraron un movimiento de reforma social, el que fue empoderado por otros siervos ministros. Estos ministros—siervos—fueron hombres y mujeres, personas jóvenes y adultos mayores, acaudalados y pobres, guiados por un solo deseo: servir a otros como Cristo lo hizo. Juan Wesley decía que no había otra santidad que la santidad social. Un tiempo de gran reformación empezó en Inglaterra con su entendimiento de la santidad del corazón y la vida.

En la medida que la tradición wesleyana y la nueva Iglesia Metodista se fueron formando en los Estados Unidos, el ministerio de servicio fue parte de esa formación como una respuesta a la injusticia social, a los marginados, a los pobres y aquellos en necesidad. Uno de los primeros ejemplos de la doctrina y práctica del ministerio de servicio fue reportado en una de las conferencias en los comienzos de la Iglesia Metodista. El siguiente segmento fue tomado del "Artículo X" de las *Doctrinas y Disciplina de la Iglesia Metodista Episcopal* en América, por Francis Asbury y Thomas Coke, la cual fue recibida y aprobada en la Conferencia de 1798: "Creemos que las buenas obras son los frutos necesarios de la fe después de la regeneración, pero que no tienen la virtud de quitar nuestros pecados o de evitar el juicio divino. Creemos que las buenas obras, agradables y aceptables a Dios en Cristo, surgen de una fe verdadera y viviente, puesto que a través de ellas y por medio de ellas la fe se hace manifiesta y evidente" (*Disciplina de la Iglesia Metodista Unida–2012*, ¶104, pág. 76).

El metodismo insiste que la salvación personal va de la mano de la misión y servicio cristianos en el mundo. La santidad es más que las obras de piedad personal; el amor de Dios siempre está unido y entrelazdo al amor hacia el prójimo y la pasión por la justicia en el mundo.

La historia del ministerio de servicio en los Estados Unidos involucra a muchos líderes y maestros. Los líderes de clase sirven en congregaciones locales alrededor de la nación. Enseñan en la escuelas dominicales y sirven en trabajos administrativos hoy. Las iglesias metodistas también administraban escuelas para la educación de los niños durante la expansión de los Estados Unidos hacia el oeste, y servían a la población floreciente en muchas localidades antes de que existiera la educación pública. Este liderato, a través de su servicio sencillo, influenció e impactó a una gran población estadounidense durante el siglo diecinueve, dando como resultado un crecimiento fenomenal de la Iglesia Metodista. Los presbíteros locales fueron hombres y mujeres. Líderes como Thomas Taylor y Peter Williams, entre otros, fueron los cimientos de la fundación de la sociedades metodistas y recursos para adiestrar al lidarato misionero de Inglaterra.

El cuidado del mundo y de los demás, siempre ha sido el pilar de la doctrina y servicio metodistas. Hay muchos medios para hacer del mundo un lugar justo y de más amor. Muchos misioneros legendarios y activistas a favor del cambio social tuvieron una herencia metodista. Algunos nombres son: Henry Gerhard Appenzeller, fundador de la Iglesia Metodista Coreana; E. Staley Jones, misionero en la India; William Booth, fundador del Ejército de Salvación (Salvation Army), y Harriet Tubman y Rosa Park. Ejemplos de instituciones sociales y públicas, tales como el establecimiento de hospitales, orfanatos, colegios y universidades, y hasta lugares sencillos donde se provee comida para los deambulantes o desamparados, han sido inicitivas del metodismo desde sus comienzos. A través de la historia de la Iglesia Metodista muchos asuntos sociales se han atendido—la moderación, el derecho de las mujeres al voto, los derechos de la niñez, y la abolición de la exclavitud. Los énfasis en la justicia social y la santidad social continúan en cada contexto imaginable como respuesta a los medios de gracia de Wesley y las "Tres Reglas Generales"—no hacer daño, hacer lo bueno y asistir a todas las ordenanzas de Dios.

Juan Wesley se dio cuenta del valor de quienes tenían el don de predicación y el compartimiento de la Palabre de Dios. Él "licenció" a los exhortadores laicos en Inglaterra para el servicio en las sociedades. Sin embargo, este liderato fue instruido a no servir como predicadores, sino como exhortadores, lo que creó la urgencia en los miembros de las sociedades de seguir las prácticas de una vida santa. El concepto wesleyano del metodismo y su práctica, se materializó en los Estados Unidos al los predicadores de circuito cabalgantes visitar, de ser posible, a cada cargo pastoral local cada tres meses. Mientras tanto, un miembro de la iglesia, quien era el líder de clase en la tradición metodista y electo por la membresía del cargo pastoral, estaba a cargo de informar y exhorar sobre los pasajes de la Biblia cada semana. Estos líderes "exhortaban" en los servicios de adoración dominicales a través de los medios de la iluminación y explicación. Ellos creaban la urgencia en los miembros de vivir las Escrituras de una foma práctica. El primer libro de la *Doctrina y Disciplina* reconoció el oficio del "exhortador".

Thomas Webb de Filadelfia, Barbara Heck de la ciudad de Nueva York, Freeborn Garrettson y William Watters de Maryland y Virgina respectivamente, y Ricahrd Allen de Pensilvania fueron grandes y convincentes predicadores laicos y servidores. En los comienzos del siglo veinte, la licenciatura de exhortadores fue otra vez parte de la norma para la Iglesia Metodista Episcopal y las iglesias metodistas protestantes. Esas tradiciones continuaron por los laicos en cooperación con los clérigos asignados a cada cargo a través de la Iglesia Metodista, la Asociación Evangélica y la Iglesia Evangélica de los Hermanos Unidos hasta la fusión en 1968, que formó a la Iglesia Metodista Unida.

Luego de 1968, un nuevo énfasis fue dado sobre la predicación laica [también conocido como la oratoria laica], la cual reemplazó otros términos para ese servicio ministerial. Los ministerios de la oratoria laica fueron reconocidos por primera vez en el *Libro de la Disciplina* de 1968. Todo miembro profeso de la Iglesia Metodista Unida podía ser un orador laico. Aunque este oficio fue reconocido por la Iglesia Metodista, la fusión que dio forma a la Iglesia Metodista Unida reconoció uniformemente en el metodismo unido.

Según este nuevo énfasis fue organizado en los niveles de distrito y conferencia anual después de la fusión, una naturaleza expandida y abarcadora evolucionó en la áreas de liderazgo, cuidado y comunicación a mitad de la década de 1980. Ese énfasis permance hoy conocido con el apodo de los *Ministerios de Servicio Laico*, bajo la aprobación de la Conferencia General de 2012.

Los Ministerios de Servicio Laico: liderazgo, cuidado, comunicación; ministerios integrales fundados en el amor y el servicio . . .

Oración de pacto de Wesley[9]

"No me pertenezco, soy tuyo.

Ponme donde quieras, asóciame con quien quieras.

Ponme a trabajar, ponme a sufrir.

Sea yo empleado por ti, o desplazado por ti,

exaltado para ti o rebajado por ti.

Haz que yo este lleno, haz que este vacío.

Haz que tenga todo, haz que no tenga nada.

Voluntariamente y de corazón cedo todas las cosas a Tu placer y disponibilidad.

Y ahora, glorioso y bendito Dios, Padre, Hijo y Espíritu Santo,

tú eres mío y yo soy Tuyo.

Así sea.

Y que este pacto que yo he hecho aquí en la tierra sea ratificado en los cielos."

---

9. Lo que generalmente se conoce como la "Oración de pacto de Wesley" es una oración pietista adaptada por Juan Wesley, el fundador del Metodismo, para ser usada en las dedicaciones de las Vigilias de oración. Esta oración es frecuentemente usada, especialmente por los metodistas, para reconsagrar la vida a Dios; *http://transformaelmundo.com/2011/05/09/la-oracion-del-pacto-de-wesley/*

Historia de la Asociación de Directores Conferenciales de los Ministerios de servicio laico

Sería erróneo decir que la evolución de los *Ministerios de servicio laico* se dio en forma uniforme y sin tropiezos a través de los años del metodismo. Los *Ministerios de servicio laico* han llegado a nosotros a través de tropiezos, y sus comienzos, aplicación y progreso son diferentes de distrito a distrito y de conferencia anual a conferencia anual. En 1993, se llevó a cabo un cónclave (congreso) del distrito y conferencias de los directores del *Ministerio de la oratoria laica* en la ciudad de Atlanta, Georgia. Este evento se repitió en una mayor escala en 1995, y de ahí en adelante, a través de los años en el Centro Scarritt-Bennett, en Nashville, Tennessee. Aparte de esos congresos, se han estado llevando a cabo organizaciones de compañerismo de directores conferenciales del *Ministerio de la oratoria laica* de la Jurisdicción Sureste, y un grupo de dedicados directores conferenciales de todas las jurisdicciones. Queda en evidencia la necesidad de estos grupos de recibir más y mejorar la comunicación.

En enero del 2000, la Conferencia Anual de Directores del *Ministerio de la oratoria laica* fue oficialmente organizada en San Louis, Missouri. La organización ha dado la lucha para brindar uniformidad a la programas de distritos y conferencias y mejorar la comunicación. A través de la *Disciplina* del 2000, los directores conferenciales, conforme a la constitución de la Iglesia Metodista Unida, son miembros de las conferencias anuales tal como lo son los líderes laicos conferenciales. El centro operacional de esta organización se encuentra en la Oficina del Director del Desarrollo del Liderato Laico en la Junta General de Discipulado.

Para más información, favor de comunicarse la Junta General de Discipulado, Nashville, Tennessee.

un acto de compasion y de Justicia

CPSIA information can be obtained at www.ICGtesting.com
Printed in the USA
BVOW02s0306060716

454515BV00007B/104/P